운동
선수
였습니다

운동선수였습니다

윤여원 지음

차례

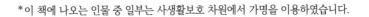

*이 책에 나오는 인물 중 일부는 사생활보호 차원에서 가명을 이용하였습니다.

1장
가난과의 경기

슈퍼스타 등장

"짝! 짝! 짝!"

침묵이 흐르던 선수 로커룸에서 날카로운 소리가 울렸다. 2, 3학년 선배들이 코치님에게 따귀를 맞은 것이다. 얼마나 세게 때렸는지 그 큰 덩치들이 휘청거렸다.

"야! 정신 차려! 우리가 수도공고 우승하는 데 깔개나 되어 주려고 돈 들여서 서울까지 올라온 줄 알아? 너희 촌놈들은 항상 정신력이 문제야!"

코치님이 목에 핏대를 세우며 고래고래 소리를 질렀다.

서울에서 열리는 대회를 위해 우리는 군산에서 고속버스를 타고 먼 길을 올라왔다. 오랫동안 준비한 대회였기에 우리에게 거는 기대가 컸지만 상대는 쉽게 이길 수 없는 팀이었다.

소리를 지르던 코치님이 고개를 휙 돌려 나를 쳐다봤다. 잠시 고민하는가 싶더니 곧이어 외쳤다.

"임마! 윤여원! 잘 들어! 니가 후반에 들어가! 찬스 나면 바로 던져 알았지? 수비하고 리바운드 잘 잡고 알았어? 너, 정신 못 차리면 죽을 줄 알아!"

순식간에 일어난 일이었다. 느닷없는 따귀, 출전. 그때 나는 중학생 때도 못 벗은 고등학교 1학년이었다. 보통 1학년은 선배들이 시합을 잘 뛸 수 있게 뒤에서 수발이나 드는 존재였기 때문에 생각지도 못한 코치님의 일갈은 여러모로 심장을 덜컹하게 만드는 것이었다. 가슴이 두근거리기 시작했다.

'시합을 뛰라고? 지금? 나는 식스맨인데? 나 말고 다른 선배들도 많이 있는데?'

오만 가지 생각이 폭포수처럼 쏟아졌다. 터질 것 같은 심장. 폭풍이 치는 머릿속. 그렇게 나는 후반에 교체 선수로 코트 위로 끌려 들어갔다. 당시 평균 신장이 190cm에 이를 정도의 장신인 수도공고 선배 선수들 사이에서 나는 꼭 난쟁이 같았다.

3학년 가드 성욱이 형이 공을 잡고 하프라인을 넘어왔다. 수도공고 선수들은 이기고 있음에도 1cm 간격으로 아주 타이트하게 붙었다. 이제 막 하프라인을 넘은 성욱이 형은 당황한 기색이 역력했다. 드리블할 생각도 하지 못한 채 공을 안고 어쩔 줄을 몰라 하고 있었다. 모든 것이 느린 동작처럼 보였다. 코트 밖에 선 코치님이 두 손을 휘저으며 목이 터져라 "패스! 패스 해!"를 외치고 있었다.

그가 주는 공을 놓치면 아마 오늘 우리는 편히 잠들기 어려울 것이다. 다른 선배 선수들은 각자 수비수들과 힘겨운 몸싸움을 벌이고 있었다. 그들의 일그러진 얼굴이 눈에 들어왔다. 이미 온

몸에는 거친 몸싸움으로 생긴 생채기가 여기저기 채찍을 맞은 것처럼 나 있었고, 흐르는 땀이 조명에 반짝였다.

나는 3점라인 끝에서 골밑으로 달려 들어가는 척하다가 순간 방향을 바꿔 성욱이 형이 있는 중앙선 쪽으로 내달렸다. 수비수는 나를 따라 급히 골밑으로 들어가려다가 중심을 잃었다.

나는 뒤도 보지 않고 달렸다. 아무 소리도 들리지 않았다. 체육관이 터질 듯한 함성도, 코치님의 목소리도. 주변 모든 것이 고요했다. 그것이 이상하다고 느낄 틈도 없이 나는 달렸다.

중앙 3점라인을 넘어 2m 정도 더 달렸을 때, 공을 안은 성욱이 형과 눈이 마주쳤다. 나는 마지막 한 발을 내디디며 몸을 링 쪽으로 틀었다. 동시에 그는 틈새를 만들어 안고 있던 공을 내게 빠르게 패스하였다.

점프한 발이 땅에 닿기도 전에 공이 묵직하게 내 손에 들어왔다. 농구공이 내 손에 묵직하게 들어오는 그 순간의 느낌이야말로 내가 농구를 하는 이유기도 했다.

저쪽에서 중심을 잃었던 수비수가 놀란 눈을 하고 내게 달려오는 것이 보였다. 지금 슛을 던지지 않으면 분명 그에게 막힐 것이다. 몸을 돌려 점프했다. 벌써 수비수가 내 눈앞까지 달려와 있었다. 그는 어떻게든 나를 막으려 했다. 골대까지 8m 정도 되는 거리였다. 정말 멀었다. 링 위에 붙은 공격을 알리는 초시계가 2초에서 1초로 변하고 있었다.

수비수가 나를 밀었고, 내 몸의 균형이 무너졌다. 그렇지만 힘껏 공을 던졌다. 공이 손에서 떠난 순간에 중심이 무너진 나는 코트 위로 넘어졌다. 그 순간에도 공은 링을 향해 날았다.

6m, 5m, 4m, …. 공이 링에 다다를 즈음, 마치 슬로모션이 풀린 것처럼 저 멀리서부터 서서히 함성이 들려왔다.

"철~썩!"

클린 샷이었다.

"삐이이익! 바스켓 카운트 굿! 프리드로! 원샷."

심판이 오른손을 올려 내려치며 외쳤다. 나는 넘어져 누운 채 그 장면을 봤다. 그제야 함성이 내 귀를 찢을 듯이 파고 들었다.

전광판에 점수가 올라갔다. 추가 프리드로우까지 성공했다.

28 대 31. 첫 역전이었다. 이제 막 중학교를 졸업한 풋내기가 기라성 같은 선배들 사이에서 4점짜리 첫 득점을 올린 것이었다. 그것은 시작에 불과했다. 그날 누가 날 도운 것인지 나는 고등학교 첫 데뷔 무대에서 후반에만 23점을 쏟아 넣었다.

그러나 최종 스코어는 70 대 59. 패배였다. 하지만 나는 지금도 그날의 기분을 잊지 못한다. 이상하리만치 몸이 가벼웠다. 하늘을 난다는 것이 그런 기분일까? 190cm가 넘는 장대 숲 안에서도 나는 리바운드를 모조리 잡아냈다. 무엇을 하던 그들보다 내가 위에 있었다. 그날 나는 '미쳤었다.'

비록 막판 집중력을 발휘하지 못한 우리 팀의 패배였지만 그날 경기가 끝난 뒤 언론들은 앞다퉈 내게 인터뷰를 요청했다. 팀의 패배로 좋은 티를 낼 수는 없었지만, 속으로는 기분이 날아갈 것 같았다.

그날 스포츠 신문은 나를 이렇게 기사화했다.

> 수도공고가 D조 예선에서 193cm 장신센터 강○○(19점)의 골밑 활약에 힘입어 군산고를 70-59로 누르고 2승으로 10강에 진출. 수도공고는 후반 중반까지 1년생 골게터 윤여원(23점)의 슛을 막지 못해 고전하다 이○○ (14점), 조○○(15점)이 슛에 호조를 보이면서 낙승했다.

1989년. 나는 그렇게 고등학교 첫 대회에서 슈퍼스타로 화려하게 데뷔했다.

연탄배달집 큰아들

1986년. 당시 중학생 중에는 학비 낼 형편도 못 되어 낮에는 공장에서 일하고 저녁에 공부하는 친구들이 있었다. 지금 생각하면 말도 안 되는 일이 그 당시에는 비일비재했다.

그때 우리집은 생활보호대상이었다. 아버지가 일찍 세상을 떠나면서 가세가 급격히 기울어서 가끔 어머니가 옆집에서 쌀을 빌려야 하는 상황이 되었다. 학교에 가져가야 할 준비물도 사지 못해 야단맞을 각오를 하고 학교에 가는 날도 허다했다. 그래도 어머니는 자식들이 학교를 다닐 수 있도록 하기 위해 여름이면 공사장으로, 겨울이면 연탄 가게로 달려가 배달 일을 했다. 그래서 당시 내 별명은 연탄배달집 큰아들이었다.

사는 곳도 쓰러져 가는 방 한 칸짜리 집이었다. 내가 대학생이 될 때까지 세 식구가 그곳에서 부대끼며 살았으니, 지금 생각해 보면 어찌 살았나 싶을 정도이다.

이런 일도 있었다. 대학교에 들어와 여자 친구를 사귀게 되었는데, 어느 날 그녀가 내게 조르기 시작했다.

"군산 집에 한 번 놀러 가자. 가서 어머니한테 인사도 드리고 싱싱한 회도 먹고 그러자."

그 말을 들은 나는 처음에 극구 반대를 했지만, 계속 조르는 바람에 말을 꺼냈다.

"우리집 가면 크게 놀랄 게 세 가지 있어. 첫째, 우리집은 버스에서 내려서 30분 정도 걸어야 해. 둘째, 우리집은 높은 산에 있어서 가파른 언덕을 올라야 해. 마지막 세 번째는 화장실이 재래식이라 힘들 거야. 그래도 갈래?"

내 말을 들은 그녀는 발끈하며 말했다.

"그깟 가정환경이 뭐가 중요해, 우리가 사랑하는 게 중요하지! 좀 서운하네."

"그래, 알았어. 이번 여름방학에 한 번 다녀오자. 간 김에 군산에는 볼 것도 많으니 이곳저곳 구경도 하고."

금방 여름방학이 됐다. 나는 그녀와 함께 군산행 고속버스에 올랐다. 어쩌면 나의 상황을 이해해 주는 그녀가 평생의 반려자가 될 수도 있겠다는 생각이 들었다. 어머니에게 그녀를 소개해 드리고 싶은 마음에 고향 가는 길이 평소보다 더 기분 좋고 설렜다.

우리는 버스를 타고 4시간 걸려 군산에 도착했다. 그때 이미 그녀는 오랜 시간 버스를 탄 탓에 녹초가 되어 있었다.

하늘은 작열하는 태양으로 뜨거웠다. 나는 그녀의 손을 잡고 월명산 밑에 있는 신흥동의 집으로 이끌었다. 이성당 근처 버스 정류장에서 내려서 30분을 걷고, 다시 군산여상 쪽 오르막길 산 쪽 길을 올랐다. 영광교회 근처 산꼭대기, 그래서 공기가 좋은 집. 그것이 우리집이었다. 집에 도착하니 그녀의 다리는 더 이상 걸을 힘이 없을 정도로 풀려 있었다.

우리집에 들어온 그녀는, 내용은 좀 달랐지만 내 예상대로 세 번의 충격을 받았다. 첫째. 대문도 없는 정말 방 한 칸인 것에 충격을 받았고, 흔한 냉장고도 없이 아이스박스로 생활한다는 데 충격을 받았으며, 이른바 '푸세식'이라는 진짜 재래식 화장실이라는 것에 충격을 받았다.

결국 그날 그녀는 화장실을 한 번도 가지 못했다. 저녁이 다가올 즈음 그녀가 내게 조용히 다가와 말했다.

"저…, 나 일이 생겨서 저녁 차로 올라가야 할 것 같아."

무슨 일이냐는 물음에 그녀는 갑자기 빈혈이 나서 어지럽다고 했다. 그렇게 하라고 대답한 나는 저녁을 준비하러 부엌으로 가다가 문득 쓴웃음이 났다. 이런 일이 나에게는 흔했기 때문이다. 힘들게 만난 여자 친구도 우리집에서 하루를 못 견디고 도망가겠다는 말이었다. 이런 가난한 집을 막상 실제로 보게 되면 누구나 마음이 복잡해질 수밖에 없을 것이다.

사람이 만나서 사랑만 가지고 사귀긴 어려운 세상이구나 하는 생각이 들었다. 쓴웃음이 날뿐, 울 수도 없는 처지였다.

노란 카드냐, 파란 카드냐?

생활보호대상자는 노란색과 파란색 두 가지 카드로 나뉘었다. 정확한 구분 기준은 모르겠지만, 당시 우리집은 노란 카드였다. 노란 카드는 매달 한 번 나라에서 주는 쌀을 배급받을 수 있고,

모든 병원비는 무료였다. 게다가 소액이나마 매달 통장으로 입금도 되었다. 그런 도움은 정말 가뭄에 단비 같은 것이었다.

학교 수업료 무료 지원도 있었다. 중학교 수업료는 얼마 되지 않는 금액이었지만, 공사장 막일과 연탄 배달로 끼니를 잇는 우리 가족에게는 큰 선물이었다.

문제는 교실에 있었다. 학교에서는 걸핏하면 담임선생님이 일으켜 세웠다.

"이번 학기에 수업료 안 낸 사람, 김○○, 윤여원 앞으로 나와! 너희 왜 수험료 안내서 날 야단맞게 만드냐! 이 문제아들아!"

더 창피한 것은 이어지는 말이었다.

"아, 윤여원 넌 생활보호대상자지? 파란 카드 아니고 노랑 카드였냐?"

잘못한 게 없는 데도 고개를 들 수가 없었다. 이런 일은 학교에 무언가를 내야 할 때마다 반복됐다.

"야! 노랑 카드나 파란 카드 집이나, 집안 형편이 안 돼서 동네 장학금으로 수험료 면제되는 사람 자리에서 일어나 봐."

가난이란 정말 힘든 것이었다.

그러던 어느 날. 친구에게서 들었다. 운동부에 들어가면 수업료 면제에 대학도 갈 수 있다고. 그것이 내가 농구부에 들어간 이유였다. 물론 운동을 좋아했지만, 무엇보다도 끌렸던 것은 '수업료 면제'였다.

"마! 노란 카드 파란 카드, 다 일어나! 윤여원, 너 아냐?!"

나는 일어나 외쳤다.

"선생님! 저 농구붑니다! 수업료 면제입니다!"

그때 선생님이 지었던 표정이 아직도 눈에 선하다. 가난은 내가 선택한 것이 아니었다. 태어나 보니 그랬을 뿐이다. 가난은 그저 못 먹고 못 입는 것에서 그치지 않았다. 자존감, 사랑, 친구 우정까지 바닥으로 끌어내렸다. 그런데도 그 상황을 바꿀 수 없다는 불가항력적인 상황이 힘들었다.

가난은 힘들었지만 우리집이 싫다고 생각한 적은 없다. 가난과 고생은 다르지만, 그것을 견딜 때 큰 선물이 오리라고 믿었기 때문이다.

엄마, 농구하고 싶어요

"뭐? 그게 진짜야?"

내가 되물었더니 옆 반 정희는 눈을 동그랗게 뜨곤 확신에 찬 어투로 말했다.

"맞다니까. 내가 똑똑히 들었다고."

중학교 1학년. 입학 후 두 달이 지난 5월의 일이었다. 정희가 어디서 들었는지 나에게 다가와 속삭이듯 말했다.

"야야. 여원아. 우리 학교 농구부 있잖아. 거기서 농구하면 고등학교는 물론 서울에 있는 대학까지 공짜로 갈 수 있대."

그 말을 들은 나는 가슴이 뛰었다. 내가 좋아하는 운동을 하면 공짜로 학교에 다닐 수 있고 서울로 대학까지 갈 수 있다니!

그날 저녁 엄마에게 말했다.

"엄마 나 농구 선수 할래. 학교 농구 선수 하면 수업료 면제하고, 운동복 주고, 잘 하면 서울의 좋은 대학도 보내 준대. 대학교에서도 먹여 주고, 재워 주고, 수업료도 없대."

이야기를 들은 어머니는 긴 한숨을 내쉬고는 야단을 쳤다.

"이놈아! 넌 기계공고 가. 거기 졸업하고 군대 들어가서 하사관 생활하면서 돈이나 벌어. 없는 집안 형편에 무슨 농구 선수냐!"

하지만 지지 않고 조른 지 2시간쯤 됐을까, 어머니가 지친 듯 손을 내저으며 힘없이 말했다.

"너, 그럴 거면 집 나가."

그렇게 거절당한 나는 집을 나와 하염없이 동네를 걸었다. 공짜로 대학까지 보내 준다는데 안 된다고 하는 어머니의 말이 도무지 이해되지 않았다. 그날 나는 집 밖에서 밤늦게까지 달을 보며 상심한 마음을 달랬다.

하지만 나는 다음 날도 그다음 날도, 두 달이 넘게 졸랐다. 삐쳐서 밥도 안 먹고 저녁 늦게야 집에 돌아왔다. 마침내 어머니가 다시 나를 불렀다.

"넌 도대체 누굴 닮아서 그러니? 그럼 딱 석 달만 다른 애들 따라다니면서 운동해 봐. 그렇지만 선수는 절대 안 돼."

나는 뛸 듯이 기뻤다. 일단은 허락받은 것이었다.

나는 초등학교 때부터 육상을 했다. 선수가 되고 싶어서 그런 것은 아니고, 그냥 반에서 키가 좀 크고, 달리기 잘 하면 선생님들이 '너 육상부 해라' 하며 데려가던 시절이었다. 게다가 시합이라도 있으면 합법적(?)으로 수업을 빠질 수 있어서 친구들의 부러움을 한 몸에 받았다.

육상부라고 해서 달리기만 하는 것은 아니었다. 멀리던지기, 높이뛰기, 멀리뛰기 등 여러 종목을 했다.

어린 나는 운동을 잘 하면 우리 세 식구 먹고사는 것이 해결될 거라고 막연히 생각했다. 그래서 더 열심히 육상에 매달렸다. 당시 나의 주 종목은 높이뛰기, 200m 및 400m계주였다. 1985년 가을에는 군산시 대회에서 높이뛰기, 200m와 400m계주 3관왕을 차지하여 천 명이 넘는 전교생이 모인 자리에서 상을 받아 주변에서 '육상 신동', '신흥동의 보배' 소리까지 들었다.

그래도 어머니는 운동선수는 가난한 사람들이나 하는 것이고,

내가 운동을 하면 평생 가난에서 벗어날 수 없으리라 생각했다. 오늘 끼니를 해결하면, 당장 내일 먹을 끼니가 걱정인 생활이었다. 굶지 않기 위해 어머니는 공사장 막일은 물론이고 해망동 부두에서 새우 까는 일까지, 돈이 생기는 곳은 가리지 않고 다녔다. 가난과 생존이 가장 큰 문제였던 우리 가족이었기에 어머니의 생각도 무리는 아니었다.

　나는 중학교 입학 후에도 학교 대표로 육상을 했는데, 육상부는 수업료 면제도 없고 학교 수업도 다 받아야 했다. 한여름에 내리쬐는 햇볕 아래서 운동하는 것도 힘들었다. 그러다 들은 친구 정희의 말은 내 미래의 길을 열어 주는 것 같았다. 수업료 면제에, 농구는 실내 운동이었다. 조그만 코트 안에서 왔다 갔다 하기만 하면 된다고 생각했다. 게다가 공짜로 서울의 대학까지 갈 수 있다고 하니, 당시 나에게는 농구가 운명과 같았다.

고달픈 스타트

　석 달이나 어머니를 졸라 겨우 농구를 시작했다. 농구부 입회 신청서를 작성하고 처음으로 농구 코트에 발을 디디던 그날의 기억은 아직도 생생하다.

체육관 문을 열고 들어가는 순간, 나는 압도당하고 말았다. 2m는 되어 보이는 키, 100kg 넘어 보이는 몸무게. 게다가 검게 그을린 나와는 상반된 뽀얀 피부들. 무엇보다도 모두들 내가 그토록 신고 싶었던 나이키 농구화를 신고 있었다. 이들의 일원이 되었다는 것만으로도 나는 세상을 다 가진 것 같았다.

성급한 나는 당장 실력을 보여 주고 싶었다. 코트로 뛰쳐나가서 얼른 드리블과 슈팅을 뽐내고 싶었다.

"너, 뭐야! 신입이지? 이리 와!"

그러나 나의 첫날은 탈의실 청소, 체육관 바닥 청소, 공 닦기, 주전자에 물 받아 놓기 등으로 이어졌다. 정식으로 코트 안에는 들어가 볼 수도 없었다. 나를 농구부로 꼬신 그놈도 다르지 않았다. 청소하고 물 나르고…, 나중에야 알았다. 혼자 하기 힘들었던 그 녀석이 여기저기 키 큰 애들을 꼬시고 다녔다는 것을.

당시 지방(군산)에는 서울처럼 초등학교부터 체계적으로 농구를 시작하는, 이른바 엘리트 코스가 없었다. 그저 운동신경 좀 있고, 키 큰 아이들이 있으면 모아 농구를 시작하는 식이었다.

첫날 운동은 저녁 7시에 끝났다. 공 한 번 못 잡아 본 하루였다. 선배의 유니폼과 양말 등의 빨래까지 하고 9시 넘어서야 체육관 밖으로 나올 수 있었다. 나의 빠른 달리기, 점프력 등을 뽐낼 수 있을 줄 알았는데, 종일 잡일만 하다가 집에 가라니, 몸도 피곤했지만 실망감이 컸다.

집에 다 와 갈 무렵. 저쪽 길모퉁이 가로등 아래에 어머니가 동생을 데리고 서 있는 것이 보였다.

"썩을 놈아, 뭔 농구를 한다고 난리 치고 그래. 공부나 해."

어머니의 잔소리를 못 들은 척하고 집에 들어간 나는 저녁도 안 먹고 그대로 잠자리에 들었다. 잠자리에서도 어머니의 타박은 이어졌다.

"난리 치지 말고…. 운동 그만하고 공부 좀 해서 기계공고 가서 기술이나 배워."

단칸방이기에 어머니의 잔소리를 피할 도리가 없었다. 그래서 잔소리를 들으면서 마음으로 결심했다.

'최고 농구 선수, 대한민국 국가대표 윤여원이 되겠어!'

최고의 농구 선수가 되려면 무엇부터 시작해야 할지, 아무것도 모르면서 말이다.

새벽은 당신을 배신하지 않는다

이런저런 고민을 하면서 농구부를 오가며 한 달 정도 지난 무렵, 최고의 농구 선수가 되려면 다른 친구들이 자고 있을 동안에도 운동을 해야 훌륭한 선수가 될 수 있겠다는 생각이 들었다. 그래서 새벽 4시에 눈을 떠 운동복으로 갈아입고 군산 체육인들의 메카라고 할 수 있는 월명공원으로 향하였다.

가을의 새벽 4시는 아직 캄캄해서 전등불도 드문 시골 골목길은 무서웠다. 골목길은 그래도 참을 만했지만 계단을 오르다 보니, 컴컴한 어둠 속인데도 계단 바로 옆에 큰 무덤이 있는 게 보였다. 머리카락이 하늘로 솟구치고 등에 소름이 끼쳤다. 드라마 〈전설의 고향〉에서 무덤이 갈라지며 귀신이 나오는 장면이 떠오른 나는 월명공원 계단을 거의 다 올라갔다가 발길을 돌려 엄청난 스피드로 다시 집으로 돌아왔다. 새벽 운동 첫날은 운동 대신 공포 체험에 그쳤다. 새벽 운동은 '그야말로 강한 정신력의 소유자'들이나 하는 것이구나 하는 생각이 들었다.

그래도 포기하지 않고 다음날에도 새벽 4시에 일어났다. 이번에는 무덤이 있는 쪽을 피해서 새벽에도 비교적 사람이 다니는 해망굴 쪽을 골라 공원으로 향했다. 그리고 이날도 깜짝 놀랐다. 새벽 4시 반 밖에 안 되었는데, 공원에 이렇게 많은 사람이 운동을 하러 나와 있을 줄이야. 정말 군산 사람들은 부지런했다.

당시 나의 새벽 운동 계획은, 앉았다일어나기 100회와 팔굽혀펴기 100회, 그리고 지구력을 위한 달리기 5km였다.

'농구 하면 점프다!', 그런 생각에 점프력 강화를 위한 하체 훈련으로 앉았다일어나기 100회를 5세트로 나누어 하려는 계획이었는데, 마지막 세트 중에 오른쪽 무릎에서 '또각 또각 또각'하는 소리가 났다.

준비 운동도 제대로 안 하고, 바로 근력 운동을 했으니 무릎에 무리가 간 것이었다. 운동선수뿐만 아니라 일반인도 본격적인 운동을 하기 전에 반드시 스트레칭과 준비 운동을 해야만 하는데, 의욕만 앞섰지 중학생이었던 나는 그런 것도 잘 모르고 있었다.

시행착오도 있었지만 일요일, 월요일, 시합 날만 빼고 매일 같이 새벽 4시에 일어나 근력과 지구력 운동을 하였다. 그렇게 1년을 이어갔더니 몸에도 변화가 보였다. 중학교 2학년인데도 키가 181cm로 자랐고, 짧은 팔이라고 놀림받던 예전과는 달리 농구대 링(높이 305cm)을 잡을 수 있게 변했다.

더 놀라운 것은 만화《슬램덩크》에 나오는 강백호처럼 리바운드를 점점 더 많이 내 손에 넣을 수 있게 되었다는 사실이다. 점프력이 되니 공중에서 머무는 시간이 마이클 조던처럼 길어져 3점슛과 중거리슛이 안정되었다. 덕분에 먼저 운동을 시작한 친구들보다 내가 더욱 두각을 보일 수 있었다.

'새벽 운동은 선수를 배신하지 않는다'는 말이 있다. 최고의 운동선수가 되기 위해서는 새벽 운동이 필요하다는 것을 장담할 수 있다.

새벽 운동의 효과는 체력뿐 아니라 정신력에도 미쳤다. 새벽에 일어나 운동을 할 때 그냥 아무 생각 없이 뛰겠는가? 절대 아니다. 뛰면서 별별 생각을 다한다. 여자 친구, 어머니, 나의 미래 등등. 그러다가 복잡하고 힘이 들면 농구 하나만 생각하기도 했다. 그것은 '내가 군산 최고의 농구 선수가 될 것이다'라는 이미지 트레이닝이었다.

"된다. 된다. 된다." 하고 매일 뛰면서 외쳤다. 운동하면서 지나가던 분들이 "미친 녀석, 조용히 좀 해"라고 핀잔을 주기도 했지만 나는 계속 외쳤다. "된다, 된다, 된다. 최고가 된다."

남들 곤히 잘 때 하루를 준비하는 정신력으로 무장하고 학교에 가서 운동하는 사람하고, 아침에 간신히 일어나 학교에 와서 운동을 시작하는 사람하고는 시작부터가 다른 것이다.

이렇게 해서 중학교 때부터 체력과 정신력을 갖추니 고등학교 선수들하고 운동해도 실력 차가 별로 없었다. 나의 주특기는 3점슛, 드라이빙 레이업슛, 그리고 무엇이든지 할 수 있다는 자신감과 정신력이었다. 그리고 그것은 고등학교 때 서울의 대학 감독들에게 눈에 띄어 홍익대학교로 스카우트 제의를 받아 갈 수 있을 정도의 실력을 갖추게 해 주었다.

지금도 나는 청소년 특강 등에서 기회가 있는 대로 새벽 운동과 새벽 공부에 대해 말한다.

"여러분, 하루를 정리하기 위해 새벽에 일찍 일어나서 준비하세요. 이른 새벽의 기운을 느끼면 하루가 정리됩니다."라고 말

한다. 여기에 김태한 작가의 《루저》에 나온 말을 덧붙인다.

"당신의 삶이 하루하루 정리가 안 되면, 남이 당신의 삶을 점차 정리합니다."

체력은 기술을 담는 그릇

잘난 척 같지만, 나는 사실 같은 팀의 어떤 동료보다 농구를 잘했다고 말할 수 있다. 고등학교 때 연습 경기를 하면 평균 15~25점의 득점을 기록했다. 그러다 보니 자신감이 하늘을 찔렀다. 그런데 그 자신감이 문제가 되었다. 개인기 욕심이 많아서 볼만 잡으면 혼자서 해결하려 드는 것이 내 농구의 최대 문제였다.

농구는 다른 경기와 사뭇 다르다. 농구는 5명이 하는 것이다. 미국 NBA 선수 마이클 조던이 혼자만 잘한다고 해서 경기에 이길 수 있는 것이 아니다. 농구 경기 경험이 있는 사람은 잘 알겠지만, 유독 한 사람이 잘 하면 그 사람만 집중적으로 막으면 그만이다.

나의 문제를 극복하기 위해 필요한 것이 '어시스트 기술'이었다. 어시스트는 혼자 고득점을 하기보다는 다른 선수가 득점을 할 수 있게 도와주는 것이다. 그런데 남을 잘 도와주려면 무엇이 필요할까? 바로 '체력과 기술'이다.

시합에 사용할 수 있는 여러 기술 습득은 운동선수에게 필수이다. 농구의 훈련은 시합에 나올 것을 '예습과 복습으로 반복'하는 것이다. 기술 반복 개인 훈련을 1,000번은 해야 실제 시합에서 이용할 상황을 한 번 만날까 말까 한다.

그러므로 체력이 뒷받침되지 않은 기술은 선수에게 쓸모가 없다. 기술 한 번 쓰고 코트 밖으로 나올 것이 아니기 때문이다. 농구 경기는 40분(풀 코트) 내내 기술을 쓸 기회가 올 때까지 끊임없이 뛸 수 있는 체력이 필수이다. 당시 코치 선생님은 '체력은 기술을 담는 그릇이다'라고 가르쳤다. 기술을 담는 그릇이 크면 클수록 최상급의 선수가 되는 법이다.

나의 농구 포지션은 2번, 3번이었으므로 짧은 시간에 볼을 처리할 수 있는 개인 훈련이 필요했다. 나의 개인 특별훈련은 체육관 벽을 활용한 것이었다. 벽에 볼을 던지고 튕겨 나온 그 볼을 3점라인 밖에서 잡아 움직이는 응용 4단계 훈련이었다.

1단계 스텝으로 바로 3점슛.

2단계 드라이빙 원 드리블 레이업슛.

3단계 원 드리블 3점슛.

4단계 투 드리블 중거리슛.

이상을 하루에 한 동작 당 50개씩, 그 4단계를 매일 연습했다. 매일의 연습 끝에 나의 모습은 놀랍게 변했다. 내가 볼을 잡자마자 슛, 패스, 드리블이 바로 결정되고, 동작이 빠르다 보니 내가 공격하다가 수비에 막히면 바로 다른 선수에게 공을 빼 줄 수 있어서 그것이 바로 노 마크 슛 어시스트 골인이 되었다.

어시스트가 많아질수록 나의 평균 득점은 한자리로 내려왔지만, 대신 어시스트를 받은 팀 동료들의 득점이 올라가 그들의 자신감이 올라갔고, 결과적으로 팀 분위기가 전보다 좋아졌다.

요즘 농구하는 모습을 보면, 개인 드리블을 많이 하는 것 같다. 크로스오버, 렉슬로우 등 화려한 드리블로 대중의 관심을 끌어올리는 것은 좋다. 하지만 혼자 볼을 잡고 있는 시간이 길어지면 경기는 지루해진다.

운동하면서 새삼 느낀 것은, 농구는 역시 혼자 하는 운동이 아니라 단체 운동이라는 점이다. 욕심을 버리고 팀워크를 우선하는 편이 팀은 물론이고 자기자신에게도 좋다.

자기중심적으로 슛을 쏘고 드리블만 하면서 팀과 동료에게 짐이 될 것인지, 아니면 도움을 주고받을 것인지, 선택은 선수의 몫이다. '남을 잘 되게 만들어 주는 사람이야말로 운동장에서나 사회에서나 최고의 선수이고 최고의 직원'이라고 말하고 싶다.

하늘이 무너졌다

"너는 운동선수 같은 것 하면 절대 안 돼. 친척 형들처럼 공고 들어가서 졸업 후에 바로 취직해서 돈을 벌어. 대학은 안 된다. 알겠지?"

어머님은 어려서부터 육상, 씨름, 농구 등에 재능을 보이던 내가 걱정스러워 항상 운동을 만류했다. 아들이 운동으로 대학을 갈까 봐 노심초사했다. 아버지가 없는 집안을 혼자 이끌어 나가야 했던 어머니는 하루 24시간이 모자랄 정도로 바쁘게 일했지만 삶은 늘 퍽퍽했다. 말 그대로 '먹고사는 것'이 가장 큰 문제였다. 쌀이 떨어져 옆집에서 쌀을 빌려오기도 했고, 그나마 안 되면 끼니를 거를 때도 적지 않았다. 때문에 어머니의 말을 충분히 이해할 수 있었다. 그러나 나는 운동이 하고 싶었다. 운동만 할 수 있다면 이 퍽퍽한 삶에서 벗어날 수 있을 것 같았다.

"엄마, 엄마 도움 없이 내 힘으로 서울에 있는 대학에 갈 거야. 운동 열심히 하면 특기자로 공짜로 서울에 있는 대학을 다닐 수 있어."라며 오기 아닌 오기를 부렸다.

친척의 아들딸들을 보면, 수학을 못 하면 주산 학원에 보내고 바깥에서 맞고 오면 다음 날부터 태권도 학원에 보냈다. 그에 비해 나는 못 하는 것이 있어도 배울 곳이 없었다. 그런 집안 사정이 때로는 증오스럽기까지 했다.

당시 어머니는 겨울의 연탄 배달에 이어 봄에는 밭일을 하러 나갔고, 봄 일이 끝나면 여름철부터 아파트 현장을 다니며 남자들에게도 힘든 건설 노동을 했다.

그러던 어느 날 결국 일이 터지고 말았다. 그날도 체육관에서 농구 연습을 하고 있는데 문이 벌컥 열리며 누군가가 들어왔다. 이모라고 부르며 가까이 지내던 옆집 아주머니였다.

얼굴이 사색이었다. 연습을 하던 모든 부원이 동작을 멈추고 그녀를 바라봤다.

"여원아! 너희 엄마, 공사장에서 일하다가 발판에서 떨어졌어! 정신을 잃었다니까 빨리 병원으로 가자."

그 말에 가슴이 철렁하고 내려앉았다.

'엄마. 우리 가족을 위해 희생밖에 모르는 엄마….'

옆집 이모가 다시 채근했다.

"이 정신 나간 놈아, 지금 이거 하고 있을 때가 아니야!"

순간 갑자기 다른 생각이 들었다.

'내가 지금 훈련을 그만두고 간다면?'

동료들보다 훈련량이 적어질 테고 그만큼 실력이 퇴보할 것이다. 그러면 결국 나는 주전 자리에서 밀려나고, 농구로 대학을 갈 수 없게 된다. 그럼 나는 이 지긋지긋한 가난에서 벗어날 수 없을 것이라는 생각이 스쳤다. 놀랍도록 마음이 차가워졌다.

"이모. 먼저 가서 엄마 좀 잘 챙겨주세요. 나는 오늘 훈련이 끝나고 바로 갈게요."

옆집 이모와 동료들의 눈이 휘둥그레졌다. 그녀의 얼굴은 분노로 뒤덮였다. 그리고 소리를 고래고래 질렀다.

"미친 놈! 자식 먹여 살리겠다고 과부 혼자서 남자들도 힘든 노가다를 뛰다 다쳤는데, 자식새끼는 지 좋아하는 것만 하고 자빠졌고! 이 천벌받을 놈아!"

그러고는 신경질적으로 바깥으로 나갔다.

코트 위는 한동안 정적이 흘렀다. 나는 입을 열었다.

"자. 연습들 하시죠."

다시 코트 위에 공 튀기는 소리가 공명되어 울렸다.

"탕, 타앙, 탕."

그 소리를 들으니 조금은 살 것 같았다.

얼마간 시간이 지나자 코치님이 나를 호출했다.

"여원아. 니가 농구를 좋아하는 건 알겠는데 이건 아닌 것 같다. 오늘은 훈련 안 해도 좋으니 어서 병원에 가봐. 누가 뭐라 해도 네 엄마잖니."

그제야 나는 유니폼을 갈아입고 급히 뛰어나가 택시를 잡았다. 택시를 타고 가는 동안 머리가 복잡했다.

엄마는 아들을 위해 일을 한다지만 그것이 아들의 꿈을 잡아 끌어내린다, 그것이 반복될까 봐 두려웠다.

택시는 곧 나를 병원에 내려놓았다. 급히 응급실로 향했다. 응급실 문을 밀치며 들어가니 저쪽 침대 위에 아주 작은 사람이 천장을 보고 누워 있었다. 가까이 가 보니 이불이 오히려 어머니를 짓누른다는 생각이 들 만큼 어머니는 작았다. 그 작은 몸으로 지금껏 억척스럽게 일을 해 온 것이다.

순간 눈앞이 흐려지며 눈물이 흘렀다. 멈추려 해도 멈춰지지 않았다. 흐느낌은 이내 통곡으로 바뀌었다. 처음이었다. 그렇게 울어본 것은….

가난이 싫었다. 인생의 모든 것을 재단하는 지독한 가난이 싫었다. 어머니를 이렇게 만들어서 더욱 싫었다.

"엄…마. 운동 그만…둘게. 나도 더 이상은 힘들어서 못…하겠어."

누워 있던 어머니는 아무 말 없이 눈물을 흘렸다. 눈물이 뺨을 타고 흘러 베개를 적셨다.

'하늘이 무너졌다'라는 표현을 이럴 때 쓰는 거구나 하는 생각이 들었다. 아무리 발버둥 쳐도 나의 현실은 조금도 나아지지 않았다. 그저 닥쳐오는 고난과 시련을 맨몸으로 받아 내야 하는 것뿐이었다. 누워 있는 어머니도, 그리고 나도, 몸과 마음은 상처투성이였다.

학생 모금 운동

"짝!"

조용하던 교무실에 날카로운 소리가 울렸다. 운동부 부장 선생님의 고성이 교무실을 채웠다.

"뭐야, 이 새끼! 여기가 니가 운동하고 싶으면 운동하고 하기 싫으면 엄마 핑계 대면서 나가면 되는 곳이야?! 운동이 뭐 애들 장난이냐!"

"짝!" 또 한 번 뺨 때리는 소리가 울렸다. 주변 선생님들도 놀란 눈으로 내 쪽을 쳐다봤다. 교무실에 냉기가 흘렀다.

학교의 부장 선생님을 찾아가 자초지종을 설명하고, '엄마 병원비 마련과 집안 살림을 위해 운동 그만두고, 학교도 자퇴해야 할 것 같다'고 말한 직후 벌어진 일이었다. 그런 말을 해야 하고, 이어서 뺨까지 맞아야 하는 상황이 너무 서러웠다.

"꺼져! 이 새끼야! 꼴도 보기 싫어!"

주변 선생님들이 쭈뼛거리며 다가와서 부장 선생님을 말렸다.

나는 눈물을 흘리며 교무실을 나왔다. 교실로 돌아와 자리에 앉았다. 앞으로 어떻게 살아야 할지 막막했다. 어머니와 동생을 굶기지 않기 위해 정말 뭐라도 해야 했다. 가진 것이라고는 몸뚱이밖에 없으니 몸으로 하는 일을 알아보는 수밖에 없었다.

그러던 어느 날. 학교에 갔는데 교실 밖 복도에 자그맣게 현수막 같은 것이 붙어 있었다. 그 앞에는 쌀이니 기타 여러 생필품들이 쌓여 있었다. 무슨 날인가 싶어 가까이 갔더니 현수막에 이렇게 쓰여 있는 것이었다.

"윤여원 학생 돕기 운동."

제목 밑에는 이렇게 쓰여 있다.

"우리 급우 윤여원 학생이 생활고로 인해 자신이 좋아하는 운동을 그만두어야 할 처지에 놓여 있습니다. 우리 모두 조금씩 도움의 손길을 모아 소중한 친구를 도웁시다."

선생님들도 십시일반 돈을 모아 보탰다.

그다음 주 월요일 조회 시간.

"윤여원 학생은 앞으로 나오도록!"

전교생이 모여 있는데 호명이 되어 나갔다. 그날 교장 선생님은 친구들과 선생님들이 모은 돈 100만원과 쌀과 보리 등에 대한 증정식을 했다.

"여원아, 창피해 하지 마라. 세상에 공짜 없다. 나중에 더 큰 것으로 너보다 더 어려운 친구들에게 갚으라고 주는 거다."

눈물이 흘렀다. 창피하기도 했지만, 무엇보다도 고마운 마음에 고개를 들 수 없었다.

그날의 일은 지금까지 내가 흔들리지 않고 버틸 수 있는 큰 자산이 되었다. 심지어 교무실에서 나의 뺨을 때린 선생님에게도 감사의 마음을 갖게 되었다. 힘들 때마다 가난을 이길 수 있게 도와준 친구들과 선생님의 마음을 떠올리고, 나에게 남을 도와야 할 의무가 있음을 되새기며 힘을 내왔다.

2장
승리를 위해

응급실

본립도생(本立道生). 사물의 근본이 서면 도는 저절로 생겨난다는 뜻으로, 《논어》에 나오는 말이다.

큰 건물이 무너지고, 긴 다리가 끊어지는 이유도 기초 공사가 잘못된 경우가 많다. 근본에 들여야 할 자재비는 아끼고 겉모양만 번드르르하게 만든 경우다.

기초가 탄탄하지 못하면 그것이 무엇이 됐든 반드시 무너지기 마련이다. 운동도 마찬가지다. 운동의 근본은 체력이다. 체력이 뒷받침되지 못하면 전술도 팀워크도 소용없다.

고등학교 1학년 겨울. 체력 훈련을 하던 날이었다.

"넌 게임 뛰는 건 잘 하는데 왜 운동장 뛰는 훈련은 맨날 꼴찌냐?"

운동장 체력 훈련은 말 그대로 오래달리기였다. 축구장만 한 운동장을 수십 바퀴 뛰고 나면 다리가 후들거리고 토할 것만 같았다. 그 느낌이 싫어서 어떻게든 운동장 훈련에서 빠질 궁리를 했다.

매년 겨울이 되면 경희대 농구부가 1개월 동안 군산으로 전지 훈련을 왔다. 이때 우리 학교 농구부는 그들과 함께 동계 훈련을 진행했다. 매일 아침 산을 뛰고, 계단을 오르내리는 체력 훈련을 하고, 오후가 되면 연습 게임을 통해 서로의 실력을 점검하고 문제점을 찾는 훈련을 반복했다.

대학생들과 하는 시합이기에 나를 부각시킬 수도 있고 실력 향상에도 도움이 되는 아주 중요한 일정이었다.

그 중요한 시간이 팀의 에이스인 나에게는 혼나는 시간이기도 했다.

"윤여원! 자세 안 낮춰? 빨리 안 뛰어? 윤여원! 너 수비 안 해? 윤여원! 리바운드 안 해? 윤여원!"

급기야 "네가 운동선수냐?!"라는 말까지 듣게 되었다. 수십 명이 있는 코트 위에서 그런 말을 들을 때면 정말이지 쥐구멍이라도 숨고 싶었다.

모든 것은 내 체력 부족 탓이었다. 기초 체력이 되지 않으니 스피드가 떨어지고, 그러다 보니 번번이 수비할 때 맡아야 할 상대 선수를 놓쳤던 것이다. 점점 자신감이 떨어졌다. 자신감이 떨어지니 바로 팀 내 마찰로 이어졌다.

"기철! 스크린 걸어 달라고! 그래야 내가 찬스 나지. 아님 2 대 2 하던지, 왜 안 해!"

동료에게 신경질적으로 소리치자, 기철이는 오히려 나한테 대꾸했다.

"야, 네가 자리 잡는 게 느리니까 공을 줄 수가 없잖아. 조금 더 빨리 움직여."

분했지만 그 말이 옳았다. 나는 시합할 때 한 골이라고 더 넣어 대학교 팀에게 잘 보이려는 욕심에 미친 말처럼 이리 뛰고 저리 뛰기는 했지만, 실상은 팀에 손해만 끼치고 있었다.

4쿼터 72 : 15. 이미 게임을 뒤집을 수 없는 점수 차였다. 그래도 나는 마지막까지 한 골이라도 더 넣고 싶었다. 순간 기철이가 내 수비수에 스크린을 걸어 주었고, 나에게 기회가 왔다. 나는 소리쳤다.

"기철아! 이쪽으로 패스! 컥!"

… 눈을 떠보니 응급실이었다. 나중에 이야기를 들어 보니 스크린이 걸린 것을 확인하고 전속력으로 뛰어 들어가던 도중 상대편 선수에게 부딪힌 것이었다. 나보다 키도 작고 몸무게도 덜 나가는 선수와 부딪혀 혼자 기절을 해 버린 것이었다. 이후 별명이 하나 새로 생겼는데 바로 '응급실'이었다.

링거를 한 병 맞는 정도로 치료를 마치고 집으로 돌아왔다. 그날 잠자리에 누워 곰곰이 생각해 봤다.

'뭐가 부족한 걸까? 왜 마음대로 플레이가 되지 않을까?'

해답은 뻔했다. 그 해답을 직시하고 싶지 않았을 뿐이다. 문제는 체력이었다. 체력이 뒷받침되지 않으니 팀플레이가 될 리 없었고, 팀플레이가 되지 않으니 자꾸 개인플레이로 상황을 모면하려 들었다. 요행으로 개인플레이가 몇 번 먹히다 보니 내 실력을 과신했고, 그것이 결국 팀 불화로 이어져 선수 사이의 분위기까지 서먹해지는 결과가 나온 것이다.

해답을 마주한 나는 다음 날부터 팀 훈련과는 별개로 개인 체력 훈련을 시작했다. 매일 새벽 4시에 일어나 하체 운동 500회, 월명산의 비둘기집, 수시탑, 체육공원, 은적사 사이를 쉬지 않고 전력 질주, 계단 두발뛰기 20분, 그리고 하교 후 저녁에 집으로 돌아와서 샤워하기 전에 하체 운동 500회를 반드시 했다.

그렇게 반년 동안 지속한 결과, 나는 게임 당 10득점 이상, 리바운드 5개 이상 해내는 선수로 탈바꿈했다. 1학년인 내게는 대단한 발전이었다.

어떤 일이든 기초를 다지는 것이 가장 지루하고 힘들다. 처음이기에 어렵고 두렵다. 하지만 반복의 힘은 생각보다 놀라운 결과를 보여 준다. 화려하게 기타를 연주하는 사람, 순식간에 만두를 빚어내는 달인, 그들 모두 굳은살이 박이도록 코드를 잡고 만두피를 수천 번 빚으면서 지금의 전문가가 된 것이다.

지금 여러분들이 무언가에 도전을 하겠다면 반드시 기초를 반복 또 반복하기 바란다.

맞는 건 운동이 아니다

매년 4월이면 종별대회 준비를 위해 새벽 6시 단체 슈팅 연습, 오전에는 학교 수업, 오후에는 다시 운동하는 루틴을 반복하는 하루가 이어졌다.

"1학년! 니들 너무 빠졌어. 내일 아침 새벽 5시에 탈의실로 집합이다. 대걸레 자루 두 개도 준비해!"

또 동철 선배의 집합 명령이었다. 대걸레를 준비하라는 것을 보니 매타작이 분명했다. 때릴 거면 하다못해 저녁에 때리지, 새벽부터 매질이라니.

아무리 운동부라고 해도 새벽에 집합시켜 후배를 때리는 학교는 우리밖에 없을 터였다. 아니, 학교 탓이 아니라 동철 형이라고 부르던 선배의 문제였다. 그는 후배들에게 아주 모질게 대했지만, 선배인 데다가 실력도 있었기에 그에게 반항하는 후배는 한 사람도 없었다.

그날 저녁 나는 동료들을 모아 말했다.

"우리가 왜 새벽부터 맞으려고 모여야 하는지, 난 도무지 모르겠다. 우리가 이렇게 운동하려고 고등학교에 들어왔냐? 선배들에게 매 맞는다고 농구 실력 올라가고 팀 성적 올라가는 거 아니잖아. 나는 더 이상 맞아 가면서 운동 못한다."

"맞다, 나도 지겹다. 우리가 맞으려고 농구부 들어왔냐!"

다들 기다렸다는 듯 울분을 토해내며 한 마디씩 거들었다. 다른 생각이 있을 수 없었다.

"우리 내일 집합하면, 2학년 선배한테 맞서자. 선배들이 엎드리라고 하면 절대 엎드리지 말고 꼿꼿이 서 있는 거야!"

내 말에 동기들은 한목소리로 대답했다.

"알았어! 그렇게 하자!"

우리는 결의에 찬 눈빛으로 내일 새벽을 약속하고 각자 집으로 돌아갔다.

옛날 혁명을 일으킨 영웅들이 이런 기분이었을까? 억압과 폭력에 맞서겠다고 결심한 그날은 마치 혁명가라도 된 것 같았다.

다음 날 새벽 4시. 눈이 저절로 떠졌다.

지금까지 단 한 번도 선배들의 말을 거역한 적이 없었다. 그러나 오늘은 다르다. '혁명의 날'인 것이다.

나는 운동을 그만둘 각오였다. 오늘의 혁명은 훗날 나의 후배들이 기억해 주리라 믿었다. 비장한 마음으로 어두운 새벽길로 나섰다.

체육관에 도착하니 대낮 같이 환하게 밝힌 조명 아래 앞서 도착한 동료들이 선배들 앞에 열중쉬어 자세로 서 있었다. 나도 가방을 놓고 그 대열에 합류했다.

"1학년! 빠져 가지고! 운동할 때 소리도 크게 안 지르고. 체육관 바닥은 뭐냐?! 건성으로 닦잖아! 여름인데 얼음물도 최소 5개는 준비해야지 2개밖에 안 가져오고 말이야! 도대체 정신이 있는 거야 없는 거야, 이 XXX들!"

동철 선배는 1학년인 우리가 못한 것과 2학년인 자기들이 못한 것을 몽땅 우리 잘못으로 몰아붙였다.

"다들 엎드려! 5대씩이다. 때릴 때 엉덩이 갑자기 내리면 허리 다치는 거 알지? 맞다가 피하면 처음부터 다시 맞는다!"

폭력배들이 하는 말 같았다. 운동을 안 하면 안 했지, 선배들에게 새벽부터 똥개처럼 맞고 싶지 않았다. 분노가 가슴에서부터 치밀어 올랐다.

"엎드려!"

체육관에 메아리쳐서 울렸다. 그러나 나는 그 말에 따르지 않았다. 어제의 약속대로 선배들을 향해 당당하게 맞서고자 했다.

'어라?'

옆을 돌아본 나는 놀랐다. 아니, 어이가 없었다. 옆에 서 있어야 할 동지는 한 사람도 보이지 않았다. 시선을 땅으로 돌리니 바짝 군기가 들어서 엎드린 동기들의 등짝만 눈에 들어왔다.

'이 배신자들.'

어제 나누었던 그 결의에 찬 눈빛들은 무엇이었단 말인가. 속으로 그들을 향한 분노와 저주의 말을 퍼붓고 있는데, 다른 선배가 홀로 우뚝 선 나를 향해 다가왔다.

"넌 뭐야! 하늘 같은 선배 말이 말 같지 않아?"

코앞까지 다가와 소리치는 그의 목소리가 천둥처럼 들렸다. 지금이라도 엎드릴까 하는 생각이 들었지만, 그러기에도 애매한 타이밍이었다. 나는 배에 힘껏 힘을 주고 선배의 고함 소리보다 더 크게 외쳤다.

"선배님! 맨날 욕하고 맨날 때리고, 운동은 안 가르쳐 주고, 이렇게 새벽에 끌려 나와 두들겨 맞는 거! 더 이상 못하겠습니다! 선배님들에게 배울 것이 없어 운동 그만두겠습니다!"

"짝! 짝!"

말이 끝나자마자 눈앞에 번개가 두 번 번쩍였다. 또 다른 선배가 두툼한 손으로 내 뺨을 갈긴 것이었다. 운동하는 사람에게 맞았으니 그 충격이 어쨌겠는가.

"이런 싸가지 없는 XX가! 어디서 큰소리야! 선배 앞에서 감히!"

"저는 더 이상 이렇게 운동 못 하겠습니다!"

말 그대로 문을 박차고 나온 나는 가방을 둘러매고 씩씩거리며 집으로 발걸음을 돌렸다.

그때 뒤에서 누군가 뛰어오는 소리가 들렸다.

"여원아! 잠깐 서 봐!" 동기인 기철이였다.

"여원아. 그래도 이건 아닌 것 같다. 우리가 5대만, 한 번만 맞아 주자. 2학년들도 3학년한테 많이 혼난 것 같으니까 우리가 한

번 참자 여원아.”

평소 친하게 지낸 동기였지만, 그의 얼굴을 보자 엎드려 있던 등짝이 떠올라 화가 치밀었다.

“이 XX야! 어제 그렇게 말해 놓고 잽싸게 엎드려? 네가 그러고도 동기고 친구냐. 놔! 난 이제 운동 안 해. 이 배신자야.”

나는 거칠게 그의 손을 뿌리치고 교문 밖으로 향했다. 모든 것이 새벽 5시에 일어난 일이다.

이른 아침에 홀로 집으로 돌아오는 길이 외로웠다. 세상에 내 편이 없고 모두 적으로 보였다. 반항하고 돌아서면 속이 후련할 줄 알았는데, 그것도 아니었다. 마음이 더 복잡해졌다. 왜 그런지 모를 노릇이었다.

뒷산의 보름달

‘혁명’이 실패했든 어쨌든, 학생이기에 학교는 가야 했다. 집에 돌아와 아침밥을 챙겨 먹고 느지막이 11시쯤 학교로 향했다.

“2학년 농구부 선배들이 너 찾으려고 교실에 몇 번이나 왔다 갔어. 뭔 일 있었냐?”

걱정 가득한 눈빛으로 같은 반 친구들이 말해줬다.

'난 잘못한 거 없다. 맞기 싫을 뿐이다. 내가 농구를 선배들보다 못하는 것도 아니잖아.'

속으로 곱씹으며 기죽지 않고 혼자 2학년 교실로 찾아갔다. 긴장이 되지 않았다면 거짓말이다. 2학년 교실이 다가올수록 가슴은 두근거렸다. 같은 학교인데도 2학년 교실 쪽은 마치 다른 세상처럼 보였다. 나는 곧장 동철 선배가 있을 교실로 향했다.

"동철 형. 저를 찾았다는 얘기 듣고 왔습니다."

교실 뒷문 손잡이를 꽉 잡은 채 말을 꺼낸 순간 교실 전체가 정적에 휩싸였다. 잠시 뒤, 하나 둘 적개심 가득한 눈빛이 자리에서 일어났다. 그 가운데 동철 선배도 있었다. 그는 내가 직접 찾아올 줄 몰랐다는 듯한 표정을 잠깐 지었지만, 이내 냉랭한 눈빛으로 변했다. 그리고 천천히 내게 다가왔다. 코에 닿을 듯 앞까지 다가오더니, 의외로 조용히 입을 열었다.

"너, 매점 뒷산으로 잠깐 따라와라."

우리 학교 매점 뒷산은 운동부들의 비공개 기합 장소였다. 그곳에 끌려가면 누구든 엉덩이가 남아나지 않았다.

나는 그의 뒤를 따라 뒷산에 올랐다. 이윽고 한 장소에 멈춰 선 우리는 서로 마주 보고 섰다. 어쩌면 좋을지 몰랐다. 마주 보고 선 그 순간이 영원처럼 길게 느껴졌다. 나를 빤히 바라보던 그의 시선이 몇 분 정도 이어졌을까?

처음에는 왜 맞아야 하는지 조목조목 따져 보겠다는 생각도 있었지만, 막상 '공포의 뒷산'에 서니 차라리 빨리 맞고 끝냈으면 좋겠다는 마음만 들었다.

그러던 중 선배가 안주머니로 손을 움직였다. 온몸이 빠짝 굳으며 긴장됐다.

'뭐지? 뭘 꺼내려고 저러지? 혹 위험한 물건이면 어쩌지?'

생각이 복잡해졌다. '도망'이라는 선택지가 머릿속에 떠올랐지만 생각이 미처 정리되기 전에 선배가 나에게 다가오기 시작했다. 이내 도망을 가기에는 애매한 거리가 되고 말았다. 이제 될 대로 돼라 싶었다.

다가온 선배가 안주머니에서 손을 뺐다. 그러더니 내 앞에 쑥하고 뭔가 들이밀었다. 긴장해 있던 나는 움찔하면서 그것을 내려다보았다. 우유 한 개와 〈보름달〉 빵이었다.

빵, 〈보름달〉 빵이라니. 상황이 얼핏 이해되지 않았다. 선배 중에서도 누구보다 혹독한 그가 아니었던가. 잠시 머뭇거리던 선배가 입을 열었다.

"아까 만수가 뺨을 때린 건 미안하다. 네가 선배한테 대든 것처럼 보여서 그런 거니 만수를 이해해라. 후배가 선배를 만만하게 본다는 인식이 퍼지는 순간 운동부는 끝이다. 아무리 평등한 사회라지만 서열이란 게 필요한 곳도 있는 법이다. 너도 아마 나중에 선배가 되어 보면 이 말이 무슨 뜻인지 알게 될 거다. 이건 너 주려고 사 왔다. 배고플 텐데 먹어라."

느닷없는 배려에 나는 당황할 수밖에 없었다. 혹독하게 후배를 다루는 그가 못마땅했지만, 돌이켜보면 내가 운동을 좀 더 잘한다고 동기와 선배를 무시하고 잘난 척한 부분이 있었음도 사실이었다. 그저 때리는 선배가 미웠을 뿐, 한 번도 선배와 대화를 나눠 보거나 그의 입장을 이해해 보려고 시도한 적은 없었다.

폭력을 두둔하고 싶은 생각은 전혀 없다. 하지만 훗날 내가 선배가 되었을 때, 그날 뒷산에서 그가 한 말의 의미에 대해서는 수긍할 수 있었다. 그가 왜 따로 힘든 운동을 시키고 때로는 우리를 괴롭혔는지, 적어도 이해는 할 수 있을 것 같았다.

팀을 위해

나는 꾸준히 새벽과 밤에 하체 운동을 했다. 힘든 훈련 전후로 운동을 더한다는 것은 정말이지 쉽지 않은 일이었다. 그런데도 그것이 습관이 되니 오히려 하지 않으면 허전할 정도가 됐다. 체력과 근력이 좋아지다 보니 지구력도 점차 좋아졌다.

2학년에 오른 나의 몸 상태는 최상이었다. 경기력이 좋아지고 대학 감독들에게서도 연락이 오곤 했다. 그 시절 나는 무서운 것이 없었다. 습관과 기본 체력으로 달라진 나의 자신감은 하늘을 찌를 것 같았다. 이미 1학년 때부터 게임을 뛰기 시작했기에 출전하지 못하는 선배들에게는 눈엣가시였을 테지만, 나는 그런 선배들의 시선은 안중에도 없었다. 그저 이를 악물고 새벽과 야간 개인 훈련에 몰두했다.

나는 학교의 주득점원으로서 게임 때마다 15점 이상 넣었고, 게임도 항상 내 위주로 작전이 짜여졌다.

"난 마음만 먹으면 공을 넣을 수 있는 군산고 득점 기계다! 서울로 대학 갈 수 있다! 이제 대한민국 농구의 대스타다!"

매일 새벽 월명공원에 올라 소리쳤다. 어서 빨리 대학, 프로팀에 입단해 고액 연봉을 받으며 편하게 살고 싶었다. 지긋지긋한 달동네 단칸방에서 벗어나고 싶었다. 나를 가난하다 무시했던 사람들에게 보란 듯이 한 방 먹이고 멋지게 살고 싶었다.

그러던 중, 같은 반 친구의 말을 들었다.

"또 예선 탈락이야? 어째 서울로 경기한다고 올라만 가면 노상 8강에서 지고 내려오냐? 니들이 결승전 올라가고, 그 덕분에 우리도 서울 올라가 단체 응원 한번 해보면 소원이 없겠다."

친구의 말을 듣는 순간, '아차!' 싶었다. 내 개인 성적은 좋았지만 우리 팀 성적은 그렇지 못했다. 우리 팀은 사실 나의 득점에 집중한 탓에 팀워크가 맞지 않았다. 그래도 내가 그나마 실력이 다른 친구들보다 좋았기 때문에 팀은 나의 득점에 기댈 수밖에 없었다.

나는 '농구 대통령' 마이클 조던이 되고 싶었다. 미국 프로농구의 전설인 조던의 화려한 플레이를 보며 나는 그와 같은 절대 1인자가 되고 싶었다. 조던의 화려한 플레이에 매료되어 경기를 보다 보면 어느새 그가 속한 시카고 불스 팀도 우승컵을 높이 들고 있었다. 나도 나의 플레이로 팀을 최고로 올려놓고 싶었다. 그래서 새벽과 늦은 밤 운동도 빼먹지 않고 해온 것이었다.

1990년 여름. 우리는 또 8강에서 탈락하고 말았다. 대학을 가야 할 3학년 선배들의 미래가 불투명해졌다. 팀 분위기는 바닥이었다.

그렇게 여름이 지나고 금방 추계대회가 다가왔다. 4강에 들지 못한 팀을 위한 그 대회에서 최소 4강에 들어야 선배들이 대학을 갈 수 있었다.

추계대회를 위한 오후 운동을 마치고 체육관에서 개인 슈팅을 하고 있는데 선배 선수가 나를 탈의실로 불렀다. 1년 선배로서 중학교부터 고등학교까지 운동을 함께 했지만, 나와는 관계가 별로 좋지 않던 동철 선배였다. 개인 슈팅 욕심만 앞세워서 경기할 때도 노 마크 나오면 자기한테 볼을 달라고 외치는 이기적인 스타일이었고, 무엇보다도 조금만 잘못해도 집합을 시키는 식으로 후배들을 많이 괴롭혔기 때문이다.

선배의 부름에 따라 탈의실로 가면서도, '혹 내가 무슨 잘못이라도 해서 또 집합시키려고 하는 건가?' 하는 걱정이 들었다. 그런데 선배가 꺼낸 말은 다른 것이었다.

"여원아, 사나이 대 사나이로서 부탁 하나 하자. 이번 추계대회에 우리 3학년이 대학 가려면 4강 티켓 꼭 필요한 것 알지? 너희 2학년들이 4강 가게 최대한 도와줘라. 네가 마음만 먹으면 할 수 있잖아."

그간 당해온 기억 탓에 선배의 말에서 진심이 느껴지지 않았지만, 대놓고 싫다고 했다가는 나중에 얻어맞을지도 모를 일이었다.

"동철 형, 제 동기들도 우리 팀이 4강에 들기를 바라고 있습니다. 저도 열심히 할 거고요. 애들한테도 따로 말해 둘게요"

사실 진심에서 우러나온 대답은 아니었다. 내 대답에 고개를 끄덕이고 자리를 떠나는 선배의 뒷모습이 좀 처량맞아 보이기는 했다.

집에 오면서 곰곰이 생각해 보았다. 내가 속한 2학년과 3학년의 사이가 그리 좋지 않은 것처럼, 2학년과 1학년의 관계도 좋다고 하기는 어려웠다. 어쩌면 오늘 3학년 선배의 모습은 내년에 3학년이 될 나의 모습일 수도 있을 것 같았다. '너희 팀은 왜 늘 8강에서 탈락하냐'는 친구의 말도 되살아났다. 팀의 힘을 모아야 할 때임이 분명했다.

그 선배는 그 이후 한 번도 집합을 시키지 않았고, 우리는 추계농구대회를 향해 한데 뭉치기 시작했다.

또 응급실

   운동부원들은 9월쯤이면 어느 대학에 진학할지 어느 정도 윤곽이 나온다. 그러나 우리 팀의 3학년 선배들에게는 서울은 물론이고 지방에 있는 대학마저 아무 이야기가 없는 상태였다. 우리 팀은 약체였고, 그해(1990년)도 이렇다 할 성적을 올리지 못했기에 눈여겨보는 대학이 없었던 것이다. 3학년에게 그해 추계대회는 사력을 다해야 할 경기였다.

   한편, 2학년인 데다가 연습 게임에서 20점 이상 득점하며 승승장구하던 나는 대학 진학에 아무 걱정이 없었다. 그렇지만 사이가 안 좋은 선배라고 해도 같은 팀원으로서 딱하다는 생각이 들지 않을 수 없었다. 무엇보다도 팀을 위해 합심하는 것이 당연했다.

   9월, 우리 팀은 전국대회에서 4강에 들지 못한 팀만 나가는 그해 마지막 대회—추계농구대회에 출전했다.

   승승장구하던 나의 활약과 팀원들의 합심, 거기에 대진운까지 좋아서 상대적으로 약체인 다른 학교를 물리치며 순조롭게 4강전까지 올라갔다.

그런데 4강전에서 만난 팀은 우승 후보인 광주고였다. 광주고는 빠르고, 평균 신장도 큰 강팀이었다. 당시 광주고는 선수의 진학이 아니라 학교의 우승을 목표로 나온 것 같았다.

하지만 우리 팀에도 기적이 일어났다. 후보 선수였던 1학년 현수가 투입되자마자 3점슛을 던지면 던지는 대로 들어가는 것이었다.

경기 스코어, 군산고 55 대 광주고 52.

우리 팀이 3점을 이기고 있는데, 코치님이 작전 타임을 부르더니 나를 중심으로 하던 패턴을 현수로 갑자기 바꾸는 것이었다.

"오늘은 현수가 볼이 들어가니, 여원이! 넌 욕심내지 말고 볼 잡으면 현수한테 줘. 무조건 너는 현수 스크린 걸고, 현수가 던진 볼에 리바운드 잘 해, 알았지?"

에이스였던 나는 자존심이 상했지만 팀을 위해 코치님의 지시대로 현수한테 볼을 밀어줬다. 코치님은 잘못 보지 않았다. 이후에도 현수는 2점이든 3점이든 슛을 던지기만 하면 들어갔다. 강팀 광주고를 상대로 신기하게도 경기는 순순히 우리 쪽으로 기울어가고 있었다.

군산고 62 대 광주고 52. 남은 시간은 1분 10초뿐.

우리 쪽의 승리가 거의 확실시 되던 그때, 고등학교 전국대회 농구 경기 사상 큰 사건이 일어난다.

그날 동철 선배도 놀랄 정도로 공격과 수비 모두 잘 해내고 있었다. 경기 시간 50초 남긴 순간, 광주고 선수가 패스하는 것을 동철 선배가 빠르게 가로채 미소를 띠며 레이업슛을 하려고 점프하여 공중에 뜬 상태였다.

그런데 볼을 빼앗긴 광주고 선수가 동철 선배와 거의 동시에 점프를 했다. 그러더니 볼을 쳐내는 것이 아니라 선배의 얼굴을 주먹으로 쳐 버리는 것이 아닌가. 허공에서 일격을 당한 선배는 그대로 바닥에 쓰러져 얼굴을 부여잡았다.

그래도 선배가 날린 공은 골대를 빙글빙글 두 바퀴나 돌더니 골망을 지나 득점을 기록했다. 이어 심판이 광주고의 파울을 알리는 호루라기를 세게 불고는 '바스켓 굿 액션'을 취했다.

광주고 선수는 위험한 플레이를 했지만, 심판의 판정이 잘못된 것도 아니었다. 다만 팀워크에 집중해 있던 나에게는 그냥 그 선수가 '나쁜 XX'로만 비쳤다.

'우리 선배를 딴 팀 놈이 건드려?! 동철 형이 평소에 어쨌든 간에, 내가 그 꼴은 못 보지!'

코트 반대편에 있던 나는 미친 듯이 달려갔다. 코트 바닥을 구르던 동철 선배조차 안중에 없었다. 전력으로 달려온 나는 그 기세 그대로 광주고 선수의 엉덩이를 발로 힘껏 차 버렸다. 갑자기 맞은 광주고 선수는 자기 팀 벤치로 도망을 쳤고, 나는 거기서 그치지 않고 씩씩대며 그 선수를 쫓아갔다.

상대 팀 벤치에 다가가자 거대한 광주 선수들의 나를 둘러쌌

다. 눈에 보이는 게 없는 상태였던 나는 그 거목들을 보고도 '이
쯤이야' 하는 생각이었다.

"퍽!"

… 주먹이 날아온다 싶더니, 눈을 떴을 때는 병원 응급실이었
다. 어느 광주고 선수의 주먹에 얼굴을 맞고 기절한 것이었다.
눈 위쪽을 여덟 바늘이나 꿰매었다고 들었다.

우리 팀이 이겼다. 하지만 승리를 자축하기에 앞서 응급실에
서 나온 나는 바로 경찰을 찾아가야만 했다. 폭력 사건 피해자로
출두해야 했기 때문이다.

병원에서 나와 파출소로 가면서 농구 부장 선생님은 말했다.

"여원아, 파출소에 가서 합의금이니 뭐니 돈 얘기 꺼내면 안
된다. 우리 운동하는 사람들끼리는 그러는 거 아니야, 알았지?"

광주고 팀과 합의하라는 선생님 말씀에 경찰이 내민 사건 조
서와 합의서에 묵묵히 손도장을 찍고 파출소 밖으로 나왔다.

가을이었다. 하늘이 너무나 파랗고 높아만 보였다. 눈이 찢어
지고 기절까지 했지만 우리 팀이 이겨서 4강에 올랐다는 것이
너무나 기뻤다.

'평생 농구만 하고 살아도 좋아!'

유감스러운 사건이지만, 스포츠인으로서 결코 잘 한 일이라고
할 수는 없었다. 나는 징계를 받아 나머지 경기에 출전할 수 없

게 되었다. 고교 2학년생이 시즌 정지를 받은 것은 아마도 나밖에 없지 않을까 싶다.

똘똘 뭉친 우리 팀은 이어지는 준결승도 돌파하여 결승전까지 진출했다. 하지만 거기까지였다. 에이스인 내가 빠진 탓이었는지 상산고에게 패배하여 준우승에서 멈춰야 했다. 그래도 동철 선배가 그해 우수선수상까지 받아 소기의 목적은 충분히 달성한 셈이었다.

그때 꿰맨 자리는 아직도 오른쪽 눈 위에 흉터로 남아 있다. 그 흉터에 그쳤다면 좋았을 텐데….

팀 승리와 맞바꾼 발목

3학년이 된 나는 동국대 총장배 경기 코트에 서 있었다.

52 : 53. 우리가 1점 뒤진 상황. 남은 시간은 15초. 그래도 공은 우리 손에 있었다.

1학년 막내 의창이가 45도에서 3점슛을 던졌다. 슛은 느리게 높은 호를 그렸다. 공은 아쉽게도 링에 맞고 튕겨 나왔다. 튀어 오른 공을 향해 지체 없이 2학년 규상이가 리바운드를 위해 점프, 공을 잡은 그가 슛을 시도했다. 거의 들어간 것이나 다름없었다.

그런데 그 순간 상대 팀 선수가 그의 팔꿈치를 가격했다. 중심이 틀어진 공은 링에 맞았다. 심판은 호루라기를 불지 않았고 항의할 시간도 없었다.

"리바운드! 박스 아웃! 정신 차려!"

우리 팀 벤치에서 외치는 소리가 들렸다.

"10! 9! 8! 7! 6!"

링을 맞고 튀어 오른 공이 아직 공중에 있는 상태였다. 나는 허벅지에 잔뜩 힘을 준 뒤 뛰어올랐다. 그날 내 점프는 다른 사람보다 조금 더 높았다. 떨어지려는 공을 나는 '툭' 하고 링 쪽으로 건드렸다. 공은 다시 링을 향해 방향을 바꾸더니, 링을 올라타 천천히 돌기 시작했다.

'한 바퀴. 두 바퀴….'

공이 링을 따라 도는 모습을 보며 나는 착지했다. 그런데 농구장 바닥이 아니라 상대 선수의 발을 밟아 버렸다. 체중이 실린 발목이 꺾이면서 그대로 바닥에 굴렀다.

"우와아아아!"

관중석에서 천둥소리 같은 박수와 함성이 터져 나왔다. 내가 쓰러지는 그 순간 공도 링 속으로 빨려 들어갔던 것이다.

버저 비터와 함께 내가 넣은 골이 인정되어 단 1점 차로 승리를 거머쥔 것이다.

"으아악!"

승리의 기쁨을 누릴 새도 없이 불같은 고통이 발목을 타고 올라왔다. 고통 때문에 나는 그저 바닥에서 구를 따름이었다. 나를 옮길 들것이 들어오고 나서야 관객들은 나의 모습을 깨닫고 웅성거리기 시작했다.

그대로 나는 병원으로 실려 갔다. 정확한 검진을 해보자는 의사의 권유를 뿌리친 나는 간단한 얼음찜질을 하고 한의원에 가서 침을 맞았다. 머릿속이 벌써 며칠 뒤 열릴 다음 경기로 가득했던 것이다.

다음 경기는 인천 송도에서 열렸다. 다친 발목이 며칠 만에 온전하게 돌아올 리 만무했다. 그런데도 나는 욕심을 부려 경기에 나섰다. 하지만 통증이 심해 수비도 공격도 제대로 하지 못했고, 그 탓에 우리 팀은 패전했다. 8강 예선 탈락이었다.

그날 밤은 더욱 통증이 심했다. 게임 때는 그런대로 버텼던 발목이 아파 잠을 잘 수도 없었다. 다음 날 감독님에게 이야기하고 병원에 갔다.

며칠 쉬면서 침 치료와 마사지를 병행했더니 발목이 그런대로 부드러워져 걸을 만했다. 젊음을 과신하고 철이 없던 나는 그 상태로 친구들과 몰래 술을 마시고 놀았다. 훈련에도 참여했다.

그런데 전력 달리기를 하려고 발을 내딛는 순간 발목에 불이라도 닿은 것처럼 뜨거운 통증이 올라왔다. 발목을 쥐고 그 자리

에 주저앉았다. 곧바로 찾아간 병원에서 들은 말은 청천벽력과
같았다.

"학생 운동하지? 발목 크게 다쳤네. 어떻게 이렇게 됐어? 발목
에 염증이 생겼어. 지금부터 잘 관리하지 않으면 평생 목발 짚고
다닐 수도 있어. 운동이 문제가 아냐."

의사 선생님의 말이 형벌을 내리는 재판관의 말처럼 들렸다.

가난이 싫어 운동을 시작했다. 운동하면 서울에 있는 대학교
까지 갈 수 있으리라 생각했고, 서울에 있는 대학을 가면 가난에
서 벗어날 수 있으리라 믿었다. 할 줄 아는 것이라고는 운동밖에
없는 내가 내 몸을 돌보지 않은 것이다. 놀란 나는 그제야 재활
에 들어갔다.

다친 부위는 쉽게 낫지 않았다. 운동을 못하니 하루가 다르게
다리에서 근육이 사라져 갔다. 걸음걸이까지 이상해졌다. 참으
로 암울한 시기였다. 결국 시합에 나갈 수 있는 것은 그로부터
반년이나 지나서였다.

다시 시합에 나서기는 했지만 근육이 빠진 나는 그전만 한 스
피드와 점프력을 보일 수 없었다. 그때 서둘러서 치료를 시작했
더라면, 엑스레이 촬영 한 번만 했더라면, '혜성과 같이 나타난
슈퍼스타'라는 당시의 찬사를 지켜 나갈 수 있었을지도 모른다.

운동선수는 조그만 부상에도 철저히 관리해야 한다. 치료는
재활까지 완벽한 마무리가 되어야 끝나는 것이다.

큰 교훈을 얻은 나는 이후로 운동을 하기 전에 항상 보호대를 먼저 찾고 만약의 상황까지 대비하는 습관이 생겼고, 사회생활을 하게 되었을 때도 그 습관을 잊지 않고 있다.

통닭 사태

"형! 내일 홍익대…, 헉헉! 여름… 여름, 전지훈련 온대요!"

통닭집 문을 부서져라 열고 들어온 후배 녀석이 외쳤다. 얼마나 급하게 뛰어왔는지 숨이 턱까지 오른 목소리였다.

마침 건배하려고 잔을 든 우리의 시선은 그쪽으로 쏠렸다.

후배의 말은 홍대 농구부가 마산고등학교로 전지훈련을 하러 가는 길에 우리 군산고에 들러 오전과 오후, 두 게임을 할 예정이라는 것이었다.

"그렇게 코치님한테 전화 왔고요, 낼 9시 30분까지 시합 준비하고 오랍니다. 10시 30분에 시합 시작이래요."

1991년도 여름. 학교에서 쉬라며 10일간 휴가를 내렸다. 모처럼의 휴가에 농구부 모두는 날아갈 듯 기뻤고, 주장의 제안으로 가을 대회를 앞둔 농구부 단합대회를 가졌다. 군산극장 옆 한 통닭집에 모인 것이다.

휴가를 앞둔 기대가 더해져 통닭을 뜯는 모두 들뜬 표정이었다. 오후 일찍부터 모인 그 자리에서 흥이 오를 대로 오른 우리는 넘지 말아야 할 선을 넘고 말았다. 누군가가 "이모! 여기 소주 한 병이요!"라고 외친 것이다. 당시에도 당연히 미성년자에 대한 주류 판매는 불법이었지만 매상을 위해 모르는 척 술을 내놓는 집이 있었다.

후배가 내일 시합을 알리려 달려 들어온 순간에는 이미 한 사람당 소주 3병 이상 마신 상태였다. 취한 모두의 입에서 갑작스러운 시합 통보에 대한 불만과 욕설이 튀어나왔다. 주장이 혀 꼬부라진 소리로 말했다.

"야, 그만들 마셔! 내일 게임하는데 술 냄새나면 우린, 아니 내가 맞아 죽는다. 마무리 해라!"

다음날 경기, 군산고 대 홍익대 후보 선수의 최종 스코어 43 대 102.

"짝! 짝! 짝! 짝! 짝!"

빈 체육관에 날카로운 소리가 울렸다. 시합을 마친 우리는 일렬로 서서 감독님에게 정신이 나갈 정도로 뺨을 맞았다.

"모두 엎드려! 막내, 가서 몽둥이 가져와!"

뺨으로 시작하여 엉덩이, 다시 뺨, 다시 엉덩이. 그날 우리는 말 그대로 먼지 나게 맞았다.

농구란 선수들이 뒤엉켜 거칠게 몸싸움을 하는 스포츠이다. 전날 마신 것이라고 해도 체육관은 그야말로 술 냄새가 진동했다. 상대방을 초청해 놓고, 게다가 우리보다 선배들을 불러 놓고 술 냄새를 풍겼으니, 하극상도 그런 하극상이 없었다.

시합 중의 꼴도 차마 눈 뜨고 못 볼 지경이었다. 여기저기서 다리에 쥐가 나 쓰러지는 건 그나마 약과였고, 레이업을 하다가 공중에서 구토를 하여 토사물을 흩뿌리는 꼴까지 보였다. 웃을 수도 울 수도 없는 상황이란 바로 그런 것이었다. 감독님이 화를 내는 것이 당연했다.

아침에 눈 뜨면 달리고, 더 이상 지쳐서 달릴 수 없는 짙은 밤이 찾아왔을 때야 잘 수 있었다. 다음 날도 그런 하루가 한 치의 오차 없이 반복됐다. 그렇게 단순한 생활을 해온 운동선수들이라서 사소한 유혹에 약할 수 있다. 그것이 음주든, 또는 다른 것이든 간에 말이다.

일이나 운동에만 지나치게 몰두할 것이 아니라, 마치 예방주사를 맞듯이 일상에서 조금씩은 일탈을 맛보는 것이 어떨까 싶다. 물론 미성년자의 음주 같은 불법적인 것은 제외하고다.

아무튼 그날 변명의 여지도 없이 개처럼 맞은 우리는 그 이후 문제의 통닭집 근처에도 가지 않게 되었다.

막을 수 없는 친구 김훈

국사무쌍(國士無雙), 나라에서 둘도 없이 뛰어난 인물이라는 뜻이다. 운동을 하다 보면 그 분야의 국사무쌍과 같은 선수를 만나게 된다.

내가 몸담았던 농구계에서는 1990년대 초반 연세대에 재학하며 코트를 휘어잡던 김훈 선수를 꼽지 않을 수 없다. 실력은 물론이고 인격으로도 그처럼 훌륭한 선수는 찾아보기 힘들다.

1991년, 내가 고등학교 3학년 선수였던 시절 대전고등학교로 전지훈련을 간 적이 있다. 대전고에는 유독 눈에 띄는 선수가 있었는데, 그는 바로 훗날 '스마일 슈터'라는 별명이 붙은 김훈 선수였다. 신장 190cm에 탁월한 3점슛 능력과 드리블 기술을 갖춘 그는 이후 연세대학교로 진학해 이상민, 우지원, 서장훈, 문경은, 석주일 등과 함께 대한민국 농구의 최고 붐을 일으킨 장본인 중 한 사람이다.

"삐~ 작전 타임!" 우리 팀 감독님이 작전 타임을 요청했다.

"야! 윤여원! 대전에 소풍 왔냐?! 김훈 하나 못 막아서 농구하 겠어? 너도 선수잖아? 같은 학년인데 넌 자존심도 없냐? 쟤 좀 막아 보라고!"

전지훈련 중 대전고와 벌인 경기에서 김훈의 전담 마크맨은 나였다. 그렇지만 우리 팀 중 누구도 김훈을 막을 수 없었다. 군 산고의 에이스인 나도 경기 내내 그를 막을 도리가 없었다. 분하 지만, 김훈 선수를 쫓아다니다 끝났다는 표현이 맞을 것 같았다.

가뜩이나 게임이 풀리지 않아 기분도 엉망이었는데, 자존심을 건드리는 감독님의 말은 불난 집에 휘발유를 끼얹는 꼴이었다.

"삐~ 입장!"

작전 타임이 끝나는 부저가 울렸고 우리는 다시 코트 위로 나 갔다. 나는 즉시 김훈 선수 앞을 막아섰다.

'어떻게 해야 이 녀석을 막을 수 있는 거야?!'

온갖 물음만 머릿속을 채우고 있는 와중에 김훈 선수가 내 앞 에서 공을 잡았다. 우리 둘은 3점라인 바로 앞에서 대치하게 되 었다.

김훈은 내 오른쪽을 파고들려 했다. 그 동작에 내 몸이 반사적 으로 왼편에 쏠렸다. 그러나 페이크 모션이었다. 김훈은 파고드 는 척하다가 이내 다시 자세를 고쳐 잡더니 그대로 3점슛을 쏘 려고 무릎을 굽혔다 펴며 점프를 했다.

페이크 모션에 넘어간 나는 순간적으로 화가 치밀어 수비를 위해 손을 올리는 척하다가 그의 뺨을 냅다 후려갈겼다. 짝! 하는 소리가 코트 위에 울려 퍼질 정도였다.

"삐빅! 군산고 ○○번 언 스포츠맨 라이크 파울!"

"삐~!" 우리 팀 감독님이 다시 작전 타임을 불렀다.

"임마! 내가 김훈 막으라고 했지. 언제 때리라고 했어? 양아치야? 얼른 가서 사과하고 와!"

그 짧은 작전 타임 내내 감독님은 소리를 지르며 나를 야단쳤다. 야단을 맞으면서 더욱 자존심이 상한 나는 죽어도 사과를 하기 싫다는 오기가 솟았다.

'내가 명색의 군산고 에이스인데!'

그때 저쪽에서 김훈이 우리 팀 쪽으로 걸어왔다. '왜 오지?'라며 궁금해 하는 데 그가 우리 감독님에게 다가가 웃으며 말했다.

"감독님. 저 괜찮아요. 여원이 너무 혼내지 마세요."라고 하더니 나를 보고 웃으며 말을 이었다. "여원아. 게임 하다가 생긴 일이니까 신경 쓰지 마. 우리 더 열심히 하자."

말을 마치고 시원스러운 뒷모습을 보이며 팀으로 돌아갔다.

나는 그날 '격'의 차이를 느꼈다. 그때까지 나는 선수는 운동만 잘하면 된다고 생각해 왔다. 팀이 이길 수만 있다면 나 혼자 개인플레이를 해도 괜찮다고 생각했다.

하지만 김훈의 말을 듣는 순간, 내 얼굴은 붉게 달아올랐다. 비로소 창피함이 느껴졌다. 스포츠에서는 승부도 중요하지만,

그것으로 가는 과정도 중요하다는 사실을 그날 비로소 깨달았다.

그날 게임은 대전고의 승리였다. 시합이 끝난 뒤, 나는 그에게 다가갔다.

"훈아. 미안하다. 솔직히 너 수비하는 게 힘들더라. 그래서 나도 모르게 반칙했다. 정말 미안하다."

그 말에 김훈은 특유의 밝은 미소를 보이며 말했다.

"야야, 괜찮아. 게임하다 보면 얼마든지 생길 수 있는 일이잖아. 잊어버리고, 더 과감하게 플레이 하자. 우리 나중에 프로에서도 꼭 보자고."

김훈은 이후 연세대학교로, 나는 홍익대학교로 진학했다. 이어서 그는 프로 선수로서 맹활약을 했지만 나는 대학 중반에 선수 생활을 접으면서 바람과는 달리 프로 농구 코트에서 만나는 일은 없었다. 그렇지만 나는 아직도 김훈 선수와 자주 만나는 사이다.

최근 방송에 나오는 그의 모습을 보며 다시 한번 그와 농구공을 다퉈 보고 싶다는 생각이 든다.

3장
운동선수였습니다

울 엄마

1991년 대회가 끝난 10월. 코치님이 나를 불렀다.

"여원아, 넌 딱딱한 팀 분위기보다 부드럽고 예술이 있는 학교가 좀 더 어울릴 것 같다. 홍익대로 진학하는 게 어떠니?"

홍익대학교는 운동을 시작하면서 품은 '로망'이었다. 코치님의 말을 듣는 순간 오래도록 꿈꾸어 온 것들로 한 걸음 더 다가선 느낌이 들었다. 사실 고민할 여지도 없었다. 나는 바로 홍익대학교로 진로를 결정했고, 그해 11월 서울에 입성하게 되었다.

서울 올라가는 당일. 그날도 어김없이 어머니는 일당을 벌기 위해 월명동 연탄배달소에 나가 있었다. 주섬주섬 짐을 챙긴 나는 어머니에게 인사를 드리러 연탄배달소를 방문했다.

저만치에 '울 엄마'가 보였다. 우리 세 가족을 위해 늘 헌신해 오신 어머니였다. 헌신과 희생을 대신할 단어를 세상에서 찾으라 하면 나는 주저 없이 '울 엄마'라는 단어를 꺼낼 것이다.

그런 어머니에게 나는 늘 미안했다. 운동을 하는 것도, 이제 서울로 떠나야 한다는 것도 말이다. 지금 당장 내가 도움을 드리

는 것이 맞겠지만, 미래를 위해서라면 서울로 떠나야 하는 것이
더 맞을 터였다.

고된 연탄 배달 일 때문에 어머니의 손가락 끝은 늘 검게 물들
어 있었다. 아무리 입을 가리고 일해도 연탄 가루는 어디든 비집
고 들어와 콧속까지 까맣게 만들었다. 바쁘게 일하는 어머니를
향해 다가갔다. 이미 시커먼 연탄재를 뒤집어쓴 상태로 쉬지 않
고 연탄을 나르고 있었다. 짙게 패인 이마의 주름, 구부정한 허
리, 그런데도 그와 어울리지 않게 재빠른 몸놀림이 더 안쓰러워
보였다.

밝게 인사를 하고 갈 마음이었는데, 아무래도 안 될 거 같았
다. 어머니 앞에 서기도 전에 눈에 눈물이 차올랐다. 어머니는
내가 바로 앞에 다가와 있는 것도 모를 정도로 일에 몰두해있다.

"엄...마."

간신히 입을 뗐다. 내 목소리를 들은 어머니가 고개를 들어 나
를 발견했다.

"응. 여원이 왔냐잉."

'잉'으로 끝나는 구수한 충청도 사투리가 마음을 살짝 달래 주
었다. 차오르는 눈물을 참고 입을 열었다.

"엄마. 나 서울 가서 잘 하고 올게. 영순이랑 밥 잘 먹고, 일은
조금만 하고, 다치지 말고. 내가 꼭 스타가 돼서 돈 많이 벌어서
엄마 힘든 연탄 일 다시 안 시킬게 알았지? 엄마, 너무 걱정하지

말고, 나 서울 가서 정말 잘 할게.”

그렇게 말한 나는 월명동 연탄배달소 앞 길바닥에서 두 손을 모으고 무릎 꿇어 큰절을 어머니에게 드렸다. 절을 드리는 중에도 흘러 떨어진 눈물이 연탄배달소 앞 검은 흙바닥을 적셨다.

“그려. 서울 올라가면 친구들하고 너무 많이 어울려 다니지 말고, 술 먹지 말고, 싸우지 말고, 여자 조심하고, 선생님 말씀 잘 들어라잉. 그리고 항상 차 조심해라잉.”

옆에서 그 광경을 지켜보던 이웃집 아줌마와 동네 마실 나온 할머니들도 함께 울기 시작했다. 모두 나에게 서울 잘 가라며 울며 응원의 박수를 보내주었다.

나는 한참을 그 자리에서 일어나지 못했다. 속으로 굳게 다짐했다. 서울에 올라가 반드시 대한민국을 대표하는 농구 스타가 되겠노라고.

귀싸대기

홍익대학교로 나를 뽑아준 최 감독님은 그 해 12월 말에 개인 사정으로 사임했다. 다음 감독으로는 당시 ‘컴퓨터 가드’로 유명

한 스타 선수 이상민을 배출한 홍대부고의 박 코치님이 오게 되었다는 말을 들었다.

그때만 해도 나의 꿈은 여전히 밝았다. 신년을 맞은 나는 저녁 운동을 마치고 나오면서 혼자 중얼거렸다

"그래, 하늘이 날 돕는구나, 이상민을 스타로 만든 스승을 만나 이제 내가 농구 스타로 뜨는 거다! 대학교에서 열심히 뛰어서 허재, 이호근, 김현준, 이충희, 최철권, 강동희처럼 대한민국을 대표하는 농구 선수로 성공하는 거야. 엄마, 조금만 더 고생하세요. 제가 곧 편하게 모실게요!"

그런데 농구 스타로 가는 길은 쉽지 않았다.

새로 부임한 감독님은 손과 발을 우리 선수들에게 잘 쓰는 스타일이었다.

"유영원, 너는 스피드는 좋은데 근성이 없어. 그리고 수비를 너무 안 해, 공격만 본다고! 내가 미치겠다. 너 지금 몇 개나 그 자식에게 준 거냐~. 입 꽉 다물어! 짝! 짝! 짝!"

감독님은 경상도 억양으로 나를 '유영원'으로 부르면서, 운동할 때마다 하루 10대 이상 뺨을 때렸다. 나중에는 하루라도 안 맞으면 내가 이상하다고 느낄 정도였다. 지성인이 모였다는 대학에서도 그렇게 맞는 것이 당시 운동부의 현실이었다.

나는 고등학교 시절에도 코치님한테는 맞은 적이 없었는데, 중고등학교 때 안 맞은 것을 대학에 와서 한 달 동안 다 맞았다.

운동부 숙소 생활도 만만치 않았다. 신입이 모든 운동복의 빨래와 정리, 화장실과 숙소 청소 등을 도맡아야 했는데 주말에는 외박과 외출까지 금지였다. 아직 정식 입학한 것이 아닌 상태에서 나가서 술을 마시거나 사고를 칠 수도 있다는 것이 이유였다.

타지에서 온 나는 특히 힘들었다. 엄마도 보고 싶었고, 고향도 생각나고, 친구들도 생각났다. 고등학교 때보다 더 강도가 높아진 운동도 피하고 싶었다. 그래서 감독님에게 면담을 요청했다.

"감독님, 무릎이 안 좋아져 집에 내려가 쉬고 싶습니다."

"너, 솔직히 여기서 운동하고 생활하는 거 힘들어 그러는 거지? 고등학교 때 코치한테 한 대도 안 맞고 운동했냐? 그러면 여기서 힘들 수밖에 없지. 너 훌륭한 선수가 되려고 여기에 온 거아냐?"

감독님의 말에 뭐라 대답할 수가 없었다. 감독님이 무서웠고, 어려웠다. 내가 무슨 말을 하더라도 들어줄 것 같지 않았다. 그래서 혼자 생각을 다잡았다.

'윤여원, 넌 서울에 놀러 온 게 아니라 스타 농구 선수가 되려고 온 거다. 그래, 한번 견뎌 보자.'

감독님과 면담 후에 다시 야간 운동을 나서는데 나도 모르게 눈가에 눈물이 맺혔다. 내가 세상에서 제일 힘든 것만 같았다. 사실 나와 같이 들어온 다른 신입들은 그 힘든 운동과 따귀질을 그럭저럭 버텨내고 있었다.

야반도주

그나마 선배들은 여러모로 부족한 나를 챙겨주려 애썼다. 주말에는 홍대 앞 치킨집에 데리고 가서 맥주 한 잔씩 사 주기도 했다. 지금 생각해도 고마운 선배님들이었다. 나말고도 서울과 청주, 마산에서 올라온 총 6명의 신입이 있었다. 그중 나만 적응력과 인내력이 부족했는지도 모른다. 그래도 어떻게든 적응해 보려고 스스로 노력하는 시간이었다.

그러던 1992년 1월, 〈농구대잔치 점보시리즈〉에 내가 속한 대학도 출전하게 되었다. 대구에서 벌어지는 경기를 위해 학교 버스를 타고 내려갔는데, 경기장에는 팀을 가리지 않고 많은 관중이 모여 시합을 즐겼다. 농구의 인기가 무척 높은 시절이었다.

대구까지 갔지만 팀은 연패로 예선 탈락, 일찌감치 짐을 싸서 서울로 돌아갈 수밖에 없었다. 그런데 힘없이 버스로 향하는 우리에게 여고생들이 몰려왔다. 우리 버스를 찾아 미리 기다리던 농구팬이었다. 손에 포카리스웨트 물통 가방과 볼 가방을 들고 있어서 누가 봐도 후보 선수로 보이는 나한테까지 사인을 해 달라고 졸랐다.

"오빠! 홍대 오빠들, 너무 잘 생겼어요! 키도 진짜 커요! 사인
좀 해 주세요! 제발요."

나는 그런 열광적인 팬, 그것도 여학생들은 처음 봤다. 사실
농구 관례상 경기에 지면 사인은 해 주는 것이 아니었지만 환호
성을 지르는 여학생 팬들 사이에서 나는 마치 농구 스타가 된 것
같은 기분에 빠져 우쭐해졌다.

그런 작은 즐거움은 농구 스타가 되겠다는 나의 꿈을 더 또렷
하게 만들어 주었고, 숙소 생활과 대학 생활에 적응해 가는 데도
힘이 되어 주었다.

그러나 감독님의 손버릇은 점점 더 나빠졌다. 여름이 지나가
고 가을쯤 되었을 무렵에는 거의 매일 때리던 1학년만으로는 부
족했는지 조금이라도 느슨한 모습을 보이면 2학년과 3학년 선수
들의 뺨까지 사정없이 후려쳤다.

급기야 2학년 선배들이 감독의 행태에 반기를 들고 도망갈 것
이라는 소식을 듣게 되었다. 기숙사와 체육관만 오가며 쥐 죽은
듯 지내던 우리 1학년들에게 그것은 희소식이었다.

"2학년 형들도 싸대기 맞으며 운동할 수 없다고 도망가는데
우리도 형들 따라 같이 나가야 하는 게 맞는 거 아니냐? 야, 같이
안 나가면 동기도 아냐!"

그렇게 그날 저녁 나를 비롯한 1학년들은 짐을 싼 후 지방으

로 야반도주를 감행했다. 직전에 4학년 선배들을 만나 밝힌 이유는 '감독님의 폭행과 폭언을 견디기 힘들다'는 것이었다.

1학년 동기 6명이 같이 다니면 학교에 걸릴지도 모르니 2명씩 짝을 지어 흩어졌다가 2일 후 지리산 중산리에서 합치자는 계획을 세웠다. 그에 따라 나와 동기 한 명은 그날 밤 고속버스 막차에 올라 삼천포로 내려갔다. 일행인 동기의 집이 있던 그곳에서 하루 묵은 후 약속 장소인 지리산 중산리로 들어갔다.

지리산 중산리에 무사히 모인 우리는 '탈출'이라는 단어 하나로 뭉쳤다. 대학인으로서 뺨을 맞고 폭언을 들으면서 운동을 할 수 없다는 뜻도 함께 다졌다. 명분은 좋았지만, 결과적으로는 대학교 운동선수를 그만두기 위한 걸음을 떼기 시작한 셈이었다.

공부하고 싶다더니

1992년 가을의 집단 탈출을 분수령으로, 대학 농구부에 대한 열정은 급속히 식어 버렸다. 그저 지긋지긋한 운동부 숙소를 빠져나와서 다른 학생처럼 평범하게 대학 생활을 즐기거나 아예 일터로 나가 돈을 벌고 싶을 따름이었다.

  결국 운동부 탈퇴를 위해 어머님을 모시고 학교를 찾았다. 보호자와 운동부 부장 교수님의 면담이 필요했기 때문이다.

  "여원아, 정말 그만 둘 거니? 중고등학교 때부터 운동밖에 하지 않은 넌 현실적으로 학교 다니기 어려워. 운동선수로 입학했는데 운동을 그만두면 당연히 학교에서도 나가야 하는 거야."

  농구부 부장 교수님의 언성이 살짝 높아졌다.

  "운동하든지, 자퇴하든지…. 앞으로 너 때문에 군산고 애들은 홍대에 올 수 없을지도 몰라. 도망 다니고, 멋대로 그만두고, 학교에 물의를 일으킨 고등학교 출신을 또 받아들일 수 있겠냐?"

  부장 교수님의 말을 들은 나는 바로 바닥에 무릎을 꿇고 말했다.

  "맞습니다. 저는 운동만, 초등학교 4학년 때부터 줄곧 운동만 했습니다. 먹고 자고, 나머지는 운동만 했습니다. 그래서 이제 대학교에서 공부다운 공부를 하고 싶습니다. 교수님, 저 코피 터지게 공부 한번 하고 싶습니다. 교수님, 부탁드립니다!"

  나도 모르게 흘러나온 눈물을 소매로 훔치며 호소했다. 진심이었다. 그때 나는 정말로 공부가 하고 싶었다. 공부하고, 좋은 친구들과 이야기를 나누는, 그런 대학 생활을 하고 싶었다. 운동만 하고 살았지만 선수이기 이전에 평범한 인간이었던 것이다.

  내 호소를 들은 부장 교수님은 한참을 생각하더니 천천히 입을 열었다.

"그래, 알았다. 하지만 조건이 있어. 2학년 중 F학점이 2개 이상 나오면 자퇴하는 조건이다."

교수님의 반승낙에, 나는 '열심히 공부하여 운동부의 명예를 떨어뜨리지 않도록 노력하겠다'고 약속하고 방에서 나왔다.

그때까지 아무 말 없던 어머니는 체육관을 나와 정문에 이르러서야 눈물을 흘리면서 1만원짜리 30장을 나에게 건넸다.

"운동 그만두는 것도 너의 인생이니, 네가 알아서 앞으로 서울 생활 잘 해라. 이 엄마는 대학교 학비를 내줄 능력이 없구나. 이 돈도 옆집 이모한테서 빌려온 거야. 열심히 생활하고, 하다 하다 힘들면 군산으로 내려와. 엄마하고 연탄 배달이라도 하자꾸나."

그 말을 남기고 어머니는 바로 고속버스를 타고 쓸쓸히 군산으로 내려가셨다.

그날 나는 운동을 그만둔 기념이랍시고 친구들을 불러 술을 사고 새벽까지 나이트클럽에 가서 놀았다. 어머니의 기대를 저버렸다는 아픔이 있었지만, 아직 철이 없던 나는 그 지긋지긋한 운동부에서 해방되는 날을 기념하고 싶은 마음이 더 컸다. 어머니가 어렵게 마련해 준 돈은 술값으로 날아갔다.

학교 공부는 쉽지 않았다. 우선 학점 따기가 급한 나는 전공 학과 교수님들을 일일이 찾아가 인사를 드렸다.

"교수님 농구부입니다. 운동과 시합 때문에 잘 찾아뵙지 못했습니다. 앞으로 열심히 수업도 들어오고 그러겠습니다."

교수님 중에는 이미 상황을 아는 분도 있었다.

"운동 중간에 그만두었다더군. 당연하지만 수업이든 시험이든 따라오지 못하면 그냥 F네. 나는 운동부라고 봐주지 않아."

농구부 탈퇴가 정해졌다고 해도 그해까지는 특기자였기에 이번 학기만큼은 어떻게든 꾸려나갈 수 있을 것 같았다. 학과 적응을 위해 수업도 열심히 들어갔고 학과 친구들도 사귀게 되었지만, 그들 또한 각자의 생활에 바빴다.

내가 수업에 들어오는지 마는지 관심을 가지는 사람은 아무도 없었다. 당시 내 전공인 경영학과는 A반에서 E반까지, 400명이나 되었으니 서로 얼굴을 익히기도 쉽지 않았다. 그들 가운데에서 나의 존재감은 아주 희미했다. 나 또한 열심히 공부해 보겠다는 초심을 잃고 학교에 다니는 존재 이유를 찾지 못했다.

학과에 대한 고민보다 더욱 컸던 것은 일자리와 잠잘 곳을 찾아야 한다는 다급함이었다. 운동부 숙소에서 나와 갈 데도 없고, 돈도 다 써 버린 나는 일단 친구 자취방에 얹혀살아야 했다. 그러나 언제까지나 친구의 눈치를 보며 살 수는 없는 일이었고, 빨리 다음 학기 학비도 마련해야만 했다.

그래서 찾은 아르바이트가 신촌의 〈Boss〉라는 락카페 주방 일자리였다. 락카페는 춤도 추고 술도 마실 수 있는, 사실상 나이트클럽과 같은 업소였다.

숙소 제공이라는 조건에 들어간 나는 주방에서 접시를 닦다가 때때로 마른안주나 과일 안주처럼 간단한 음식을 만들기도 했다. 덩치 큰 나를 여자 손님들이 무서워할까 봐 눈에 띄지 않는 주방에 넣은 것이었다.

신촌, 게다가 그즈음 유행하던 락카페는 정말이지 '젊음의 천국'이었다. 나도 거기에 휩쓸려 주말 아르바이트가 끝나면 같이 일하는 친구들과 이태원이니 포장마차니 하며 날 밝을 때까지 술을 마시고 다녔다.

그런 생활의 결과, 운동할 때는 69kg을 유지하던 몸이 두 달만에 78kg까지 불어났다. 배가 나오고 얼굴에도 살이 쪄서 인상이 달라질 정도였다. 11월 들어서는 학교에 아예 가지도 않고 락카페에서 일을 했다.

일은 했지만, 돈을 모은 것도 아니었다. 가불까지 받아 매일 술값으로 쓰는 통에 월급 봉투를 받아봐야 3만원 정도 밖에 들어 있지 않은 꼴이었다.

공부하고 싶다고 울며 호소하던 내가 술 마시고 노는 데에 빠져 젊음을 허송하고 있었다. 뚜렷한 계획도 없이 운동을 그만둔 것도, 하고많은 아르바이트 중에 하필 락카페를 고른 것도, 지금 생각해 보면 후회스럽다.

어떤 환경에서 어떤 사람들을 만나는지에 따라 인생이 달라질 수도 있음을 대학 시절의 나는 미처 깨닫지 못하고 있었다.

라인아웃

서울에 남아 학교에 다니고 생활하기 위해 아르바이트는 필수였다. 당시 일하던 락카페는 숙소를 제공해 주었기 때문에 오갈 데 없는 나로서는 그만한 일자리도 없었다.

문제는 함께 일하는 동료들이었다. 이들은 저녁 늦게 일을 마치면 그때부터 새벽까지 노는 것을 좋아했다. 일이 끝나 숙소에 와서는 비디오를 보기도 하고, 카페에서 가지고 온 술을 마시기도 하고, 카드나 화투를 치면서 거의 매일 밤을 지새웠다.

그들과 어울려 건강까지 해치던 나는 2학년이 되고 나서야 나름 정신을 차려 술도 줄이고 조금씩 돈을 모으기 시작했다.

매일 아침 학교 수업에 들어갔고, 돈을 조금이라고 아끼기 위해 되도록 걸어 다녔다. 아등바등 절약한 덕분에 나만의 방을 구할 수 있었다. 보증금 100만원에 월세 15만원. 아현동 달동네에 햇볕도 들지 않는 좁은 방이었지만, 내 손으로 내 주거를 마련했다는 행복감은 컸다. 앞으로 더 열심히 공부하여 어엿한 직장에 취직하면 서울의 아파트라는 곳에서 어머니와 여동생을 불러 살

수 있을 것이라는 꿈과 연결되는 성취감이었다.

아현동으로 이사한 후에도 락카페에서의 일은 계속했다. 그곳
은 대학교에서 운동하는 사람들이 자주 찾아왔다. 연세대, 홍익
대처럼 신촌의 학교는 물론이고 경희대나 경기대 등 거리가 좀
떨어진 학교의 학생들도 흔히 볼 수 있었다. 종목도 다양해서 아
이스하키부, 축구부, 배구부, 농구부, 야구부 등이 와서 술 마시
며 스트레스를 풀고 가고는 했다.
　나도 그들과 함께하는 것이 싫지 않았다. 운동하는 사람이라
는 공통점이 끈끈한 무언가를 만들어 줬고, 서로의 힘듦을 공감
할 수 있었기에 그들이 락카페에 오면 주인 몰래 안주 서비스라
도 하나 더 챙겨 주곤 했다.
　그중에 '고릴라'라는 별명의 친구가 있었다. 운동을 했던 그는
술에 취하면 성격이 거칠어졌다. 시간과 장소를 가리지 않고 주
변 사람들에게 시비를 걸기 일쑤였고, 여자도 밝혀서 주변 여성
에게 집적대다가 싸움이 나는 일도 드물지 않았다. 친구라고는
해도 나 역시 썩 좋아하지 않는 편이었다.

그날도 '고릴라'가 문제였다.
　"야, 이 XXX야! 내 여자 친군데 어딜 건드려! 너희들 다 죽었
어! 너희들 다 밖으로 나와!"
　그놈 목소리가 얼마나 크던지 주방까지 우렁차게 들렸다. 드

문 일도 아니어서, 그러려니 하고 설거지를 하고 있었는데 홀 서빙을 하던 친구가 주방으로 뛰어들어오며 소리쳤다.

"형! 친구 분이 손님들이랑 싸워! 빨리 가서 말려! 아니면 손님이 맞아 죽을지도 몰라! 빨리!"

과장이 아니었다. 고릴라는 별명 그대로 키 190cm의 거구에 주먹이 사람 머리만 해서 웬만한 건달들도 그를 건드리지 않을 정도였다.

나는 고무장갑을 벗어던지고 앞치마를 입은 채 가게 밖으로 뛰쳐나갔다. 나가서 보니 마치 영화 촬영장 같았다. 5 대 1의 싸움이었다. 5명이 고릴라 한 명을 둘러싼 상태였다. 하지만 상대가 되지는 않았다. 고릴라는 한 명씩 땅바닥에 눕히기 시작했다. "퍽! 퍽!" 하는 그 소리에 한 사람씩 고꾸라졌다.

뛰쳐나오기는 했지만, 나는 당장 말려야 할지 좀 더 지켜봐야 할지를 가늠하고 있었다. 보통 그 정도에서 끝나는 경우가 많았기 때문이다. 괜히 나까지 싸움에 말려들면 학교생활에 차질이 생길지 모른다는 걱정도 있었다.

그 사이에 네 번째 사람이 고릴라의 주먹에 맞아 쓰러졌다. 그런데 바로 그 뒤에 남은 한 명이 어디서 구했는지 대걸레를 들고 달려들었다. 이어서 온 힘을 다해 대걸레 자루로 고릴라의 뒤통수를 내려쳤다. 누구도 말릴 틈 없이 순식간에 벌어진 일이었다.

고릴라는 그 한 방에 바람 빠진 풍선처럼 그 자리에 풀썩 주저앉았다. 그쯤 되면 끝났어야 하는데, 그녀석은 그렇지 않았다.

다시 대걸레를 머리 위로 들어 넘겼다. 쓰러진 고릴라의 머리를 재차 노린 것이었다.

이미 정신을 잃어 무방비 상태가 된 고릴라의 머리를 또다시 전력으로 내리치면 어떤 참상이 벌어질지 모를 일이었다. 나는 이것저것 따질 겨를도 없이 고릴라의 몸 위로 몸을 던져 그를 보호하려 들었다.

"퍽!" 첫 번째 둔탁한 소리가 머리에 울렸다. 내 머리에 맞은 것이었다. 정신이 아득해지는 것이 느껴졌다. 대걸레는 반미치광이가 휘두르는 흉기가 되어 있었다.

두 번째 "퍽!" 하는 소리가 울렸다. 그 가격은 내 오른쪽 눈 위로 떨어졌고, 나는 정신을 잃었다. 꿈도 함께 잃었다.

암흑기

"오른쪽 눈 실명일 거 같네요. 타격으로 망막 뒤쪽으로 손상이 왔어요. 그런데 뭐 하는 분이죠?"

'운동선수… 학생….'

충격에 온몸이 벌벌 떨렸다. 의사의 물음에도 입 밖으로 나오지 않는 대답이 머릿속을 맴돌기만 했다.

그날. 나의 모든 꿈이 날아갔다.

대학 졸업 후 프로는 못 가더라도 실업 선수에는 도전할 수 있지 않을까, 서울에서 직장을 다니면서 집을 얻어 고생한 어머니와 여동생과 함께 살아야지…. 그 모든 꿈이 사라지는 순간이었다.

"아직 단정할 순 없고요. 3일 더 입원해 있으면서 지켜봅시다. 만에 하나라는 것이 있으니까요."

의사의 말은 전혀 위로가 되지 않았다. 이미 사형 선고를 받은 사람에게 만에 하나 석방될 수도 있지 않느냐는 말과 같았다. 다친 눈은 오른쪽이었지만 치료를 위해 두 눈 모두 흰 천으로 가려놓은 상태였다. 그래서 혼자서는 화장실조차 갈 수 없었다. 집에 알릴 수도 없었다. 어머니에게 알렸다간 그 자리에서 쓰러지고 말 터였다. 이러지도 저러지도 못하는 상황이었다.

그 와중에 문제의 고릴라는 내 옆에 있었다.

"여원아 미안하다. 내가 술에 취해서…. 내가 치료비 낼게. 내가 책임질게."

그는 울면서 말했지만 도무지 용서할 수가 없었다. 녀석의 눈도 똑같이 만들어 주고 싶었다. 차오르는 분노를 어찌해야 할지 알 수가 없었다.

"선생님, 퇴원 시켜주세요."

3일 차 되던 날 회진 온 의사에게 말했다. 당장 안전요원 시험이 있있기 때문이나. 아르바이트노 해야 했고 학교에도 가야만 했다. 의사는 펄쩍 뛰며 대답했다.

"지금 퇴원하면 시력 제대로 안 돌아와요. 학생, 며칠만 더 경과를 봅시다. 눈은 한번 망가지면 끝이야, 그러니 두 눈 가리고 좀 더 편안하게 쉬어요."

의사의 의견에 따라 일주일 간 더 두 눈을 붕대로 가리고 있을 수밖에 도리가 없었다.

책임을 지겠다고 한 고릴라는 전혀 도움이 되지 않는 친구였다. 화가 나면 안압도 올라가 눈에 치명적이라서 조용하고 안정적인 환경이 필수였지만 고릴라는 존재 자체만으로도 화를 돋웠다. 한술 더 떠서 병실에 여자 친구를 데리고 오기까지 했다. 병실에서 과한 애정행각을 벌이지 않나 싸우지를 않나, 환자인 나는 안중에도 없는 것처럼 굴었다.

일주일 뒤. 드디어 붕대를 푸는 날이 다가왔다. 암흑에서 벗어날 시간이 된 것이다. 고릴라는 지방에 잠시 다녀온다는 말만 남기고 사라져 돌아오지 않은 상태였다.

의사가 가까이 다가오는 기척이 느껴졌다. 숨소리도 들렸다. 앞이 캄캄했기에 소리로만 느낄 수가 있었다. 조금씩 붕대가 풀렸다. 사방이 조용했다. 의사도 간호사도 나도, 모두 긴장된 순간이었다. 붕대가 풀려 나감에 따라 닫힌 눈꺼풀 너머로 진료실의 형광등 불빛이 느껴졌다.

'불빛을 느낄 수 있다! 눈이 살아 있다! 보인다!'

이윽고 붕대가 모두 풀렸다. 의사는 내게 나지막이 말했다.

"눈 떠보세요."

나는 천천히 눈을 떴다. 아주 천천히. 눈꺼풀 사이로 처음 보는 의사의 얼굴이 보였다. 간호사도 보이고 진료실의 집기들이 보였다. 나는 환호성을 지르고 싶었다.

'아니, 잠깐만….'

아니었다. 뭔가 위화감이 있었다. 왼쪽 눈을 가려봤다. 바로 캄캄해졌다. 암흑이었다. 보이는 것은 왼쪽 눈뿐이었다. 오른쪽 눈은 보이지 않았다.

"학생. 미안하네. 최선을 다했지만…."

의사의 말을 뒤로하고 바로 퇴원했다. 묵묵히 집으로 갈 택시를 잡았다. 작은 월세방에 홀로 도착하자마자 울음이 터졌다.

"으아아!"

동물이 울부짖는 듯한 괴성을 지르며 한참을 울었다.

눈의 증세는 심각했다. 금방 충혈이 되어 눈이 아팠고, 운동이라도 조금 하면 현기증이 일었다. 계단을 오를 때는 거리 감각이 없어 종종 넘어질 정도로, 모든 일상생활이 불편했다.

시각장애인 윤여원. 그날 이후 세상이 나에게 부여한 또 하나의 '자격'이다.

책을 30분 이상 읽는 것이 어려워서 남들은 간단하게 붙는다는 운전면허 필기시험에도 8번이나 도전해야 했다.

지금도 가끔 이런 가정을 해본다.

'그날 내가 주방에서 모른 척 설거지나 했다면 어땠을까?', '친구를 보호하겠다고 나서지 않았다면?'

주어진 환경을 살아내야 하는 것이 인간이다. 주저앉고 포기할 수도 있지만 지금을 발판 삼아 더 멀리 도약할 수도 있다. 신은 그 선택을 인간에게 선물했다.

독서뿐 아니라 운동 등, 무엇이든 30분 이상 집중하기 힘들 것이라고 의사가 말했지만, 대학 졸업 시 나의 학점은 2.65점이었다. 뛰어난 성적은 아니지만 정상적인 학생과는 다른 차원의 노력으로 이뤄낸 성과였다. 거기에 나는 공부를 더 하여 석사 학위까지 받았다.

때로는 눈이 다치지 않았다면 어땠을까 하는 가정 대신 기도를 해보기도 한다.

"어머니. 가난한 집에서 저를 낳아 어릴 적부터 고생하게 해 주셔서 감사합니다.

대학교 박 감독님, 운동할 때 강한 사람이 되라고 많이 혼내 주셔서 감사합니다.

고릴라야, 너를 미워하지 않는다. 덕분에 다른 사람보다 좀 더 열심히 공부할 수 있었다. 고맙다. 고릴라, 이 나쁜 녀석아."

그래도 농구

처음부터 할 수 없는 거야,

그 누구도 본 적 없는 내일,

기대만큼 두려운 미래지만

너와 함께 달려가는 거야.

힘이 들면 그대로 멈춰 눈물 흘려도 좋아.

이제 시작이란 마음만은 잊지 마.

내 전부를 거는 거야.

모든 순간을 위해 넌 알잖니.

우리 삶엔 연습이란 없음을

마지막에 비로소 나 웃는 그 날까지

포기는 안 해 내겐 꿈이 있잖아.

　위 가사를 읽으면 머릿속에 전자기타 사운드와 빠른 비트 그
리고 가수 김민교님의 목소리가 어우러져 떠오르는 사람이 있을

것이다. 나는 들을 때마다 가슴이 뛸 정도로 이 노래를 좋아한
다. "힘이 들면 그대로 멈춰 눈물 흘려도 좋아"라는 부분이 특히
좋다.

하지만 불의의 사고를 당한 나는 '잠깐 멈추는' 정도가 아니었
다. 지금까지 해 온 것이라고는 오직 농구(운동) 하나뿐이었는데,
그것이 영영 불가능하다고 하니 암담하기 그지없었다. 나는 점
점 사람들에게서 잊혀져 갔다. 농구 선수였다는 것을 아는 사람
조차 사라져 갔다.

사고 이후, 모든 일상이 반토막 났다. 책을 30분 이상 읽을라
치면 눈이 뻘겋게 충혈이 됐고 피로가 쏟아졌다. 걷거나 뛰면 눈
이 흔들려 머리가 어지럽고 두통이 생겼다. 때로는 시야가 뿌예
져서 몇 번이나 큰 사고로 이어질 뻔했다.

그러나 남 보기에는 그저 180cm가 넘는 아주 건강한 대학생
이었고, 나도 굳이 절반밖에 보지 못하는 장애가 있음을 알리려
들지 않았다.

학교 수업이 끝나면 나는 학교 운동장 한편에 마련된 농구 코
트가 내려다보이는 벤치에 앉아 다른 사람들이 농구하는 모습을
구경하곤 했다. 농구에 대한 열망을 조금이라도 달래는 방법이
었다.

그날은 1994년 어느 날이었다.

"윤여원! 내려와 봐. 너 옛날에 농구 선수였다며, 빨리 이리 와!"

여느 때와 같이 멀찍이 구경을 하던 나를 부른 것은 우리 경영학과 사람들이었다. 마침 기계과와 시합이 붙었는데 사람이 한 사람 모자랐고, 벤치에 앉아 있던 내가 눈에 띈 것이었다.

기뻤다. 동시에 난감했다. 실명 이후 농구공을 잡아 본 적이 단 한 번도 없었다. 농구에 대한 열망은 끊이지 않았지만 장애가 그것을 가로막고 있었다. 나의 장애가 농구에 어떤 영향을 미칠지, 그것을 스스로 목격하는 순간 더 심한 좌절감에 빠질까 봐 두려웠다.

"뭐 해! 빨리 내려오지 않고!"

계속되는 선배의 채근에 어찌할 바를 모르다가 결국 일어나 코트로 내려왔다. 나의 장애를 모르는 그들은 인원수를 맞췄다는 사실에 기뻐할 따름이었다.

나는 겉옷을 벗어 옆에 놓아두고 앉아서 신발 끈을 단단히 묶었다. 발목을 돌리고 손목을 풀었다. 오래전, 시합을 앞두었을 때의 기분이었다. 설레는 가운데 30분 이상 운동하면 안압이 올라가 위험하다던 의사의 말이 떠올랐다.

두려움이 몰려왔다. 하지만 그것보다 더 농구가 하고 싶었다. 간절함이 넘쳐 주체할 수 없다면 하는 것이 낫다. 나는 늘 그렇게 생각하며 살아왔다. 어차피 한 번뿐인 인생, 후회로 채워 넣을 필요는 없지 않은가.

설렘과 걱정으로 코트에 들어서기 전 새삼 둘러본 그날의 풍경은 아직도 기억이 난다.

따뜻한 봄날 점심이었다. 한껏 봄 내음이 풍기는 캠퍼스 이곳저곳엔 많은 학생이 낭만을 즐기고 있었다. 도시락을 먹는 학생들, 이야기를 나누는 캠퍼스 커플. 모든 것이 평화로운 날이었다.

코트에 들어서니 봄날의 햇살이 피부를 따뜻하게 간질거렸다. 조금만 방심하면 낮잠이 쏟아질 것 같은 날씨였다.

"자! 시작합니다!"

우리 과의 선공으로 시합이 시작됐다. 그래도 과끼리의 대결이라 구경꾼들이 하나둘 모이기 시작하더니 코트 주변은 빈자리를 찾아볼 수 없을 정도가 되었다.

선수 시절 포워드 역할을 한 나는 골대 측면 모서리 쪽에 자리를 잡았다. 나도 모르게 자리를 잡은 것이다. 안쪽으로 들어가 있던 나를 발견한 가드가 눈짓하더니 빠르게 패스를 던졌다.

그런데, 공이 제대로 보이지 않았다. 더 자세히는 원근감이 잡히지 않았다. 공이 가까이 온 줄 알고 손을 뻗었는데 실제 공은 아직 날아오는 도중이었고, 내 손을 지나친 공은 내 머리를 때렸다. 공격권도 상대팀에게 넘어갔다.

두 눈이 멀쩡했다면 절대 놓칠 리 없는 패스였다. 당황스러웠다. 당연한 것이 당연하게 되지 않을 때 사람은 좌절하게 된다.

하지만 나는 그때까지 이미 너무나 많은 좌절을 맛보았다. 눈을 잃고 나서 깨달은 것 중 하나는, 이미 닥친 상황이라면 좌절할 시간에 차라리 조금이라도 나은 쪽으로 바꿔 보려고 애쓰는 편이 낫다는 것이었다.

나는 재빨리 태세를 전환했다. 원근감이 잡히지 않으니 내 특기인 중거리슛을 포기해야 했다. 대신 링과 최대한 가까이 갈 수 있는 드라이빙과 레이업슛을 주로 구사했다. 주춤거리던 몸이 어느새 선수 시절의 그것으로 돌아가고 있었다.

시각을 넘어 감각이 내 몸을 움직였다. 신기한 경험이었다. 슛을 던지기 위한 무릎의 탄성, 오른쪽 손목에 들어가는 적당한 힘, 그리고 방향. 몸은 여전히 기억하고 있었다. 지난날 수만 번은 던졌을 슈팅, 무빙. 그 모든 것이 보이지 않게 되자 드러나기 시작했다.

그날 나는 한 마리 새처럼 날아다녔다. 정말 오랜만에 느껴보는 농구의 행복감이었다. 최종 스코어는 28 대 23. 다른 학과의 경기에서 지는 일이 많았던 우리 과가 그날은 승리의 기쁨을 만끽할 수 있었다.

경기가 끝나자 말도 안 되는 상황이 벌어졌다. 구경하던 타 학과 여학생들이 몰려와 사인을 요청했다. 마치 스타라도 된 양 나는 그날 많은 사인을 해 주었다.

"사실 네 이야기는 얼핏 들어서 알고 있었는데 이 정도로 실력이 좋을 줄은 몰랐다. 나 슈팅 좀 가르쳐줄 수 있을까? 그럼 나는 학과 공부를 알려줄게."

같이 시합 한 선배가 다가와 말을 걸기도 했다. 그날을 계기로 나는 더 많은 학우를 사귈 수 있었다.

보이지 않는 세상은 어쩌면 나에게 더 넓은 세상을 보라고 하는 것 같았다. 그날의 경험을 바탕으로 위기에 봉착할 때면, 보다 더 나아지려고 노력했다. 그리고 그런 노력이 쌓여 결국 오늘의 나를 만들었다고 생각한다.

부족한 면접

"여원아, 나 한전 붙었다. S하고 한전, 두 군데 냈는데, S는 떨어졌지만 한전엔 붙었어."

자랑스러워하던 친구는 나에게 다소 걱정스러운 표정으로 물었다.

"넌 어찌 됐냐? 좋은 소식 없어?"

"내가 들어갈 수 있는 회사가 거의 없는 거 같다. 성적도 별로

고 토익은 400점 대니, 좋은 데는 원서도 내밀 수가 없어."

나는 창피하지만 솔직하게 대답했다. 휴학 기간을 포함해 6년 반이나 대학에 적을 두고 있었는데, 막상 졸업을 앞두고 취업도 못 하니 허탈하고 부끄러웠다.

조교실 게시판에서 그 공고를 본 것은 1997년 4학년 2학기 전공 수업을 마치고 나오던 길이었다.

△△△라는 속옷으로 알려진 회사와 ○○○이라는 제약회사가 영업직을 모집한다는 공고였다. 마침 지나던 다른 학우들이 채용 게시판을 보며, "영업직? 저건 좀 아니지 않냐?" 하고 얘기를 나누고 있었다. 사실 채용 공고문도 한쪽 구석에 성의 없이 붙어 있을 정도였다. 하지만 토익 점수니 뭐니 여러 조건을 붙이지 않고 그저 '4년제 졸업'이라는 간단한 조건만 쓰인 그 공고문은 내 관심을 끌기에 충분했다. 나에게도 원서를 낼만한 회사가 보인 것이다.

'그래, 저기다. 회사의 꽃은 영업이지.'

△△△와 ○○○ 양쪽에 지체 없이 지원서를 보냈다.

2주가 흐른 뒤 연락이 왔다. 지원서를 낸 회사 중 ○○○에서 면접을 보러 오라는 통지였다. 그나마 한 곳이라도 기회를 얻었다는 사실이 기뻤다.

그런데 문제가 있었다. 면접에 입고 갈 복장이 없었다. 양복,

넥타이, 구두 등을 마련해야 했다. 어머니에게 손을 벌릴 수는 없는 일이라서 한 친구에게는 양복을, 다른 친구에게서는 구두를 빌리는 식으로 대처할 수밖에 없었다. 구두가 너무 커서 깔창을 2장이나 까는 식으로 어찌 어찌 구색은 맞췄지만 누가 봐도 빌려 입은 티가 역력했다. 그래도 마음속으로 다짐했다.

'빌린 옷 같은 데엔 신경 쓰지 말자. 내 진심을 보여 주자, 진심은 통하는 법이니까. 이번 면접은 일생일대의 기회다. 잘 할 수 있어!'

면접일, 어색하기만 한 옷과 헐떡거리는 구두였지만 당당하게 서울 강남구 역삼동에 있는 제약회사로 들어갔다.

"윤여원 씨 학점이 왜 이렇게 낮지요?", "군대는 왜 안 갔습니까?", "우리 회사에 대해 아는 바를 말해 보세요."

면접관들이 나에게 여러 질문을 던졌는데, 내 의욕과는 달리 제대로 답변을 하지 못했다. 정식 면접 경험도 없고 연습도 제대로 하지 않은 상태였기에 정신이 하나도 없었다.

"저는 촉망받는 엘리트 농구 선수였지만 부상으로 운동을 그만두었습니다. 부모님 도움 없이 스스로의 힘으로 서울에서 자취하면서 공부하여 졸업까지 왔습니다."

미리 외운 간단한 자기소개 말고는 내가 무슨 말을 했는지 기억도 별로 나지 않았다.

나설 때의 당당함과는 달리 준비 부족을 통감하면서 쓸쓸히 집으로 돌아와야 했다.

제약회사에서 채용 관련 결과를 들은 것은 일주일쯤 뒤였다.
"…우리 회사에서는 아쉽게도 지원자 분을 선발할 수 없게 되었음을 알려 드립니다."

취업의 비밀

제약회사의 면접은 좋은 경험이라고 생각했다. 실망하고 있을 겨를도 없었다. 여느 때처럼 아르바이트를 하며 열심히 학교에 다녔다.

그런데 그로부터 2주 뒤에 연락이 왔다. 당시에는 핸드폰이 드물고, 삐삐라고 부르는 호출기를 많이 쓰던 시절이었다.

"○○○제약입니다. 윤여원 씨, 혹 다른 곳에 취업하셨나요? 취업하지 않으셨으면 다음 주부터 신입 영업 사원 교육이 시작되는데, 입사 가능한가요?"

삐삐에 남겨진 음성 녹음은 전혀 예상치 못한 내용이었다. 그 짧은 녹음을 들었을 때의 기분은 지금도 잊을 수가 없다.

졸업을 목전에 둔 11월, 드디어 취업에 성공한 것이었다. 비록 대기업 사무직은 아니었지만 그래도 부끄럽지 않은 번듯한 회사였다.

신이 나서 신입 사원 교육에 달려갔던 나는 몰랐지만, 사실 나의 입사에는 비밀 아닌 비밀이 있었다. 그 얘기를 알게 된 것은 입사 후 몇 개월이 지난 뒤였다.

"너 처음에 면접에서 떨어졌지? 널 굳이 대기자로 넣은 건 인사과장님이었어. 왜인 줄 아냐? 과장님이 운동선수 출신이거든. 운동선수 출신은 선배 잘 모시고, 모르면 모른다고 솔직하게 무엇이든 배우려 들고, 우직하다고 말이야. 뭐, 네가 우리 선배들 대하는 거 보면 과장님 생각이 맞는 거 같기도 하고. 하하하."

나의 채용 뒷이야기는 이후에도 종종 술자리 메뉴가 되었다.

좋든 싫든 운동선수 출신이라는 딱지는 사회에 나와서도 붙어다니는 것이었다. 나를 뽑아준 운동선수 출신의 과장님을 봐서라도, 또한 나 이후에 들어올 또 다른 운동선수 출신을 생각해서라도 열심히 해야겠다는 생각이 들었다.

나의 운동 인생은 나만의 것이 아니라, 운동하는 모든 후배의 길이 될 수도 있음을 그때 깨달았다.

IMF 외환위기의 복판에서

내가 신입 영업직 사원으로서 교육에 들어간 곳은 용인에 있는 한 연수원이었다.

20명 정도의 신규 채용 인원을 대상으로 1개월이라는 짧지 않은 기간 동안 합숙을 통해 각종 약품명, 고객인 의사 및 약사와의 대화법, 제품별 세일즈 포인트 등을 집중적으로 습득할 수 있게 구성되어 있었다. 매일 저녁 그날 교육에 대한 시험을 실시하고, 그 교육 성적은 수습사원 2개월 간의 평가와 합산하여 몇 명은 탈락시킨다고 할 정도의 강도였다.

그런데 교육에 들어온 지 고작 4일 차에 예정과는 다른 일이 생겼다.

교육 사감이 사장님의 긴급 신입 특강이 잡혔으니 정장 차림으로 오후 교육에 참여하라는 통지를 받았을 때, 눈치 빠른 몇몇은 무슨 얘기가 나올지 짐작했을지도 모른다. 하지만 이후의 전개는 누구도 예상하지 못했을 것이다.

서울대를 졸업했다는 사장님은 교실에 들어오자마자 말없이 칠판에서 크게 한문으로 두 글자를 썼다.

"國恥."

그리고 질문을 던졌다.

"자랑스러운 ○○○제약 신입 사원 여러분, 이 글자가 무슨 의미인지 알겠습니까?"

누구도 입을 열 수 없는 분위기에 사장님은 한숨을 내쉬고는 자신도 할 말을 잊은 듯 한참을 말없이 서 있다가 다음 말을 이어갔다.

"우리 대한민국에 엄청난 큰일이 일어났습니다. 국가 부도, IMF 구제금융을 신청한 겁니다. 대한민국 역사상 두 번째의 국치일입니다."

사장님의 특강이 있은 다음 날, 신입 사원 교육은 바로 종료되었다. 회사의 긴축 재정 때문이라고 했다. 나를 비롯한 신입 사원들은 그렇게 'IMF 구제금융 신청'이라는 듣도 보도 못한 사태로 인해 교육도 제대로 받지 못한 채 영업 현장으로 투입되었다.

아무것도 모르는 우리는 1 대 1 멘토로 정해진 선배가 이끄는 대로 현장 실습에 들어갔다. 서울 영업부 쪽으로 배치된 나의 멘토는 이○○ 과장님이었다.

그 분의 영업 지역은 서울의 강남구와 관악구였는데, 영업 사원의 일반적인 이미지와는 달리 아주 차분하고 말도 거의 없는 분이었다. 내가 질문하면 간단한 대답이나 얻어듣는 정도였다. 하지만 이 과장님의 평판은 좋았다.

"어이, 신입! 이 과장님에게 잘 배워. 과장님은 제약 영업의 신이셔.", "잘 배우고, 잘 대접해 드려. 후배들에게 본보기가 되는 선배님이다."

그러나 입사 후 한 달 반쯤 지나 이제야 제약회사 영업이 무엇인지 좀 알만하다고 느낄 즈음, 'IMF사태'는 핵폭탄급으로 나라를 흔들고 있었다. 우리 회사도 구조 조정이라는 이름으로 인원과 설비 감축에 들어갔다. 회사에서는 '개혁과 변화'라는 표어를 내세웠지만 실상 감원일 따름이었다.

심지어 그 구조 조정 대상 명단에 나의 멘토인 이 과장님까지 올라 있었다. '영업의 신'이라는 사람까지 잘려 나가는 무지막지한 상황이 벌어진 것이다.

이 과장님은 실적도 좋았지만 사적으로는 중학교와 고등학교 자녀를 키우면서 연로한 어머님까지 모시고 사는 효자 가장이었다. 그러나 그런 것은 누구도 참고해 주지 않았다.

애초에 우리 회사는 누구나 이름을 알만한 메이저급이 아니었고, 이를테면 두통약 〈게보린〉처럼 유명한 제품이 있는 것도 아니어서 영업이 쉽지 않았다. 실력 있는 사원까지 회사를 떠나자 영업부 분위기는 최악이었다. 이어서 부서까지 통합되고, 거기에 외국계 제약회사 출신이라는 젊은 차장님이 새로 왔다.

30대 후반의 차장님은 우리 영업 사원에게 도전과 변화를 강조했다. 매일 아침은 물론이고 외근 나갈 때도 "도전! 도전! 변화! 변화!" 하고 큰소리로 외쳐야 했다. 무슨 독재국가의 주민 같은 기분이 들었지만 드러내 놓고 불만을 얘기할 수도 없었다.

신임 차장님의 또 다른 강조점은 '문서와 근거'였다. 영업하러 돌아다닐 시간도 모자란데, 1일 영업 동선, 주간 보고, 월별 목표, 분기별 영업세입 등, 각종 서류 제출을 지시했다.

그러면서 차장님은 덧붙였다.

"외국인들처럼 저녁이 있는 삶을 살아야 회사 업무 만족도가 높아져요."

그 말에 그나마 스트레스를 푸는 통로였던 회식이 사라졌다. 하기는 손에 익지 않은 각종 보고서를 만드느라 신입인 나는 물론이고 다른 선배 직원들까지 매일 야근이 이어지는 통에 회식할 틈도 없었다. 저녁이 있는 삶은 그저 차장님만의 몫이었다.

어느 날은 차장님이 나를 불러 빨간 펜으로 범벅이 된 보고서를 던지면서 말했다.

"Mr. Yoon. word processing이 잘 안되는 거 같은데, Business school은 어떻게 나왔나요? You의 Report를 보면 Oh! My! god! 이에요 … Basically, Your salary의 3배 이상은 벌어야 company가 돌아가요."

그 분은 영어를 섞어 말하는 특징이 있었다. 안 그래도 회사에서의 내 약점은 영어였다. 약은 이름부터 설명까지 영어 위주였다. 거기에 회의 때조차 영어를 섞어 말하는 차장님이 오니 더 난감했다. 사실 그 차장님의 말은 다른 대리님들도 잘 알아듣지 못할 정도였다.

"죄송합니다. 더 분발하도록 하겠습니다."

그 말 외에는 할 도리가 없었다.

의미 없는 문서 작업으로 인한 야근의 연속, 영업 목표액의 압박, 미수금 발생 등등, 운동선수 시절보다 직장 생활이 더 힘들었다.

스트레스로 인해 입사 6개월 만에 체중이 10kg 이상 불었지만 한편으로는 밥 한 그릇도 소화가 잘 안되어 소화제를 반찬처럼 먹었다.

출근 전철 안에서 넥타이가 마치 나의 목을 죄는 듯한 느낌이 들 때면 경제 위기 속에서 연일 기사에 나오는 직장인의 죽음이 남의 일 같지 않았다.

"시간 지나면 그 차장도 다른 데로 갈 거야. 그럼 회사 분위기도 바뀌어. 지금 IMF 위기야. 토익 성적도 없는 네가 다른 회사 갈 수 있는 상황이 아냐. 지원서 낼 회사도 없다고."

동기와 선배들이 나를 격려하기 위해 하는 말조차 나의 자존감을 흔들었다.

준비 없이 들어간 회사, 거기에 덮친 IMF 구제금융 위기. 결국 나는 손을 들고 말았다. 입사 후 11개월 만이었다.

나의 성격이나 적성, 실력을 고려하지 않고 졸업을 앞두고 쫓기듯 취업을 한 탓이 컸다. 얼떨결에 들어간 회사에서 직장인 흉내만 내다가 그만둔 셈이었다.

이제까지 남을 의식하며, 남의 눈으로 나의 위치와 기준을 정하는 '흉내쟁이 인간'이었음을 절절하게 반성했다. 그리고 더 이상 나 자신을 괴롭히지 않고, 나의 길을 찾아야겠다고 결심했다.

4장
사람을 만나다

수영장 안전요원

1993년, 농구 선수를 그만둔 후 마련한 자취방은 잠은 잘 수 있어도 샤워 할 곳이 마땅히 없는 곳이었다. 그래서 매일 개운하게 샤워를 할 겸 학교 체육관 내 수영장 이용권을 끊었고, 간 김에 가끔 수영장에서 어설프게 헤엄을 치고는 했다.

그러던 어느 날 수영장 내 안전요원 4명이 수영복 차림으로 준비 운동하는 모습을 보게 되었다. 수영장이 쩌렁쩌렁 울리는 구령을 붙여가며 팔굽혀펴기 마지막 세트를 하는 모습이었다. 떡 벌어진 어깨, 울퉁불퉁한 가슴, 완벽한 식스팩 등은 같은 운동선수로서도 멋져 보였다. 그들은 '올 포 원'이라고 불렸다.

안전요원도 자격증이 필요하다는 것을 안 나는 그것도 언젠가는 따봐야겠다고 막연한 목표 정도로 마음에 두고 있었다. 그러다가 고향 선배 대길 형을 대신하여 남자 탈의실과 샤워장을 청소하던 중에 급진전이 일어나게 되었다.

"여원아, 대길 씨한테 들었는데, 농구 선수 했다며? 운동하다가 그만두면 수업료나 자취비 때문에 자퇴하는 애들이 많던데, 게다가 운동하고 무관한 경영학과 공부도 힘들 거고. 괜찮게 지내는 거냐?"

하루는 탈의실 세면대 위 머리카락을 주워 가며 청소를 하고 있는데, 얼굴에 광채가 나는 연예인 외모의 수영 코치님이 말을 걸었다.

나의 심정을 너무나 잘 알고 던진 질문이었다. 사실 그때 나는 학업을 포기하고 고향 군산에 내려가 가스 배달이라도 해야겠다는 마음이었다. 내가 뭐라 대답하기에 앞서, 마침 꺼내 놓았던 중학생용 영어 교재 《맨투맨》을 슬쩍 본 코치님은 잘라 말했다.

"내일부터 수영장 나와. 발차기부터 배워라. 너라면 하루도 안 빼먹고 하면 넉넉잡아 석 달이면 자격증 시험 볼 수 있을 거다. 내일부터다!"

그의 카리스마에 압도된 나는 거절할 수가 없었다. 나의 수영장 안전요원으로 가는 길은 그렇게 시작되었다. 기초 체력과 농구 선수로서의 운동신경을 갖춘 나는 자유형 발차기부터 시작하여 접영까지 두 달 만에 모든 영법을 배울 수 있었다.

어느 날 수영 연습을 마치고 허기지고 지친 상태로 집에 가려는데 안전요원 중 89학번 강현 선배가 말했다.

"넌 수업 끝나면 어디 가니? 갈 데 없으며 나랑 도서관 가자."

"아, 네…."

피곤했기 때문에 마지못해 따라나섰다. 입학 후 학교 도서관을 한 번도 가본 적이 없다는 사실까지는 말하기 어려웠다.

못 이겨 도서관에 올라간 나는 깜짝 놀랐다. 안전요원 '올 포원'들이 모여 공부 중이었던 것이다. 시험 기간도 아닌데 말이다. 조금 있다 보니 나에게 수영을 가르친 코치님도 가방을 메고 성큼성큼 도서관에 들어왔다. 나중에 들은 바로는 교육대학원 준비였다고 한다.

모두들 도서관이 문 닫을 때까지 함께 공부를 했다. 각자 집으로 가기에 앞서 고생했다며 선배가 매점에서 사준 컵라면의 맛은 잊을 수가 없다.

'올 포 원'은 단순한 수영장 아르바이트생이 아니었다. 공부도 게을리하지 않아 성적 장학금을 놓치지 않는 그들의 모습에 자극을 받은 나도 수영은 물론이고 공부도 포기하지 않고 대학 생활을 치열하게 보내게 되었다. 이후에 안전요원 자격증도 무난히 취득했음은 물론이다.

포기하려던 순간에 나타나 기꺼이 나를 도와준 멋진 김원현 선생님, 그리고 함께 훈련해 준 '올 포 원' 여러분에게 늘 감사한 마음을 품고 있다.

그때의 '올 포 원'들은 토목기사, 자동차 연구원, 대기업 간부, 증권사 간부, 해외 바이어, 미술학원 강사, 일류 디자이너 등으로 저마다의 분야에서 활약하고 있다. 그리고 그들과의 인연에 힘입어 나는 청소년수련관의 관장이 되었다.

혹 운동을 그만두고 힘든 처지에 빠졌다면, 혼자 고민하지 말고 주변에 도움을 요청해 보라고 조언하고 싶다. 배우고자 하는 마음만 있으면 누군가 도와줄 사람이 나타날 것이다.

수영 강사

나는 서울에서 학비와 생활비를 마련하기 위해 여러 아르바이트를 하였고, 여러 직업을 통하여 다양한 사람들을 만났다.

요즘에는 직업이 여러 번 바뀌는 경우가 드물지 않다. 남자 해녀, 기업 대표, 협동조합 대표, 핀수영 대표, 공연사 대표 등 다양한 직업을 경험하면서 40대 후반인 지금도 3일에 5시간 밖에 안 자고 열심히 사는 친구도 있다.

이제 인생에서 한 우물만 팔 수 없는 시대가 오지 않았나 싶다. 한 우물만 보고 있으면, 그 물이 썩는 줄도 모르고 그 물을 먹고 배탈이 나서 고생을 할 수도 있을 것 같다.

나의 현재 직업은 청소년지도사이다. 청소년지도사란 청소년

활동(사업, 프로그램 등)을 통하여 청소년들의 균형 있는 성장을 지원하고, 그들에게 미래의 꿈과 희망을 주기 위한 직업이다. 조금 더 설명하자면 청소년기본법에서 정한 교류 활동, 문화 활동, 수련 활동을 청소년들과 함께 기획 운영하며, 그 활동을 통하여 청소년들이 현재를 즐기고 미래의 꿈을 현실로 만드는 것을 옆에서 돕는 일이다.

보람과 자부심을 느끼는 직업이지만 처음부터 이 일을 한 것은 아니다. 나의 첫 정규 직장은 제약회사 영업 사원이었고, 그 직업을 1년도 채우지 못하고 그만둔 이후 잡은 일은 수영 강사였다. 농구 선수였지만 대학교 때 수영장 안전요원 자격증을 취득했고, 이후 아르바이트로 수영 강사를 해왔기에 일자리는 비교적 쉽게 얻을 수 있었다.

취직한 수영장은 당시 내가 자취하던 곳에서 멀지 않은 광명시 여성회관의 수영장이었다. 수영장 외에 에어로빅장 등도 갖춘 그곳은 한국청소년연맹에서 위탁 받아 운영하고 있었다. 당시에는 의식하지 못했지만 나의 청소년지도사, 청소년기관의 관장이라는 직업은 그렇게 시작된 셈이다.

수영 강사 일은 사람들에게 수영을 가르치는 데 그치지 않는다. 교육 5시간 외에 1시간의 안전요원 업무가 더해져서 1일 총 6시간의 근무, 거기에 회원 관리 업무까지 처리해야 한다.

그중 수영 강사들이 가장 꺼리는 일은 어르신들이 많은 기초 효자반 담당이었다. 기초 효자반은 당연히 수영을 못하는 분들이고, 게다가 노인들이라서 자칫하면 힘들어 쓰러질 수도 있기 때문에 운동량을 많이 줄 수도 없다. 강사가 쉬지 않고 움직여서 재미와 운동 효과를 이끌어내야 할 수밖에 없어서 효자반을 맡은 선생님은 수업 직후 2kg이나 몸무게가 줄 정도였다.

안 그래도 수온 27~28도의 물속에서 지내는 시간이 많은 수영 강사들은 항상 몸이 차서 비염이나 감기를 달고 산다. 어떤 강사는 돈을 더 벌기 위하여 다른 곳에서 개인 지도까지 하느라고 하루 9시간이나 물속에서 지냈는데, 체온 유지 때문에 여름에도 두꺼운 패딩을 입고 다녔다. 당시에는 관리자들이 회원들에게 위화감을 준다는 이유로 강사가 체온 유지를 위한 잠수복도 못 입게 하였다.

노동의 강도도 그러하지만, 사람을 대하는 일이라서 인간관계 문제도 힘든 부분이다. 극히 주관적인 이유로 '수영을 못 가르친다'는 민원이 들어온 통에 강사로 들어온 지 3일 만에 퇴사하는 경우도 보았다. 게다가 방학 기간에만 하고 그만두거나 조금이라도 더 많은 수입을 위해 개인 지도를 할 수 있는 사설 수영장으로 옮기는 경우가 많아서 이직률이 아주 높았다. 지금도 수영 강사는 3D업종으로 여겨져 강사를 구하기 어렵다.

내가 일하던 곳도 크게 다르지 않았다. 꾸준히 일하는 강사가 드물다 보니 내 진급이 가장 빨랐다. 수영장 주임, 과장, 팀장 순으로 1년마다 진급이 이루어졌다. 그에 따라 조금씩 급여도 올랐다.

　나라고 수영 강사라는 일이 어렵지 않을 리 없었지만, 자취 집에서 버스로 40분이라는 비교적 가까운 거리에, 점심과 저녁식사를 제공하고, 운동복을 주어서 옷차림에 신경 쓸 일도 없고, 마음껏 따뜻한 물로 씻을 수도 있는 등, 박봉을 커버하고도 남는 이점이 있었다.

　그렇게 4년 정도가 지나자 나는 그곳의 팀장에 올랐고, 능력을 인정받아 사무직으로 전환되었다. 그런데 묘하게도 직장 생활이 그렇게 안정되자 한편으로는 권태로움을 느껴졌다. 반복되는 수업과 행정업무들에 싫증이 나기 시작했다. 나이가 들어서도 아이들에게 수영을 가르칠 수 있을까? 하고 미래에 대한 불안감도 커졌다. 보다 더 큰 체육센터에서 더 많은 경험을 쌓고 더 다양한 프로그램을 기획하고 싶다는 욕심이 생겼다.

청소년수련관 주임

어느 날, 은사인 김원현 교수님에게 전화가 걸려왔다.
　"이번 역삼동 쪽에 생활스포츠 주임 자리가 하나 났는데, 이력서 한 번 내보게. 강남에 새로 생기는 곳이니 자네로서도 배울 게 많을 거야."

교수님의 추천에 나는 망설이지 않고 이력서를 제출했다. 얼마 뒤 합격 통보를 받았고, 경력을 인정받아 역삼청소년수련관 생활체육 주임이 되었다. 군산에서 돈 한 푼 없이 올라온 내가 서울 강남에 직장을 잡게 된 것이다.

근무한 지 몇 달 후, 큰일이 터졌다.
"다 죽여 버릴 거다! 다! 죽어!"
소리만 들어도 심상치 않은 일이 생겼음을 직감할 수 있었다.
"주임님, 큰일 났습니다! 수영장 회원이 가스통을 들고 와 다 죽인다고 난리를 치고 있습니다! 여직원들은 다 도망가고요, 지금 2층 사무실 앞에 와 있습니다!"
뛰어가 보니 정말 어떤 남자가 가스통을 든 채 소리를 지르고 있었다. 자기가 탈의실에서 탈수기에 감전되어 머리가 아프게 되었는데, 정신과와 한의원을 다닌 비용을 내놓으라는 것이었다. 누가 봐도 제정신이 아닌 사람으로 보였다. 바로 그렇기 때문에 정말로 가스통에 불을 붙일 수도 있을 것 같았다.
다른 직원에게 경찰에 신고하라고 얘기한 나는 컵을 찾아 찬물을 한 잔 떠서 그에게 다가갔다.
"회원님. 일이 그렇게 되었다니, 우선 사과드립니다."
나도 두 다리가 떨릴 정도로 긴장한 상태였다.

"여기는 아이들도 있는 청소년시설입니다. 그 가스통은 놓고 말씀하시죠. 만약 선생님께서 잘못된 생각을 하시면 선생님 가족은 물론 여러 가족들이 평생 슬퍼하며 살 수도 있습니다. 그러니 진정하시고, 저하고 잠시 얘기를….”

그가 다른 손에 든 라이터에 불을 댕긴다면 순식간에 모든 것이 날아가 버릴 참이었다. 잠시 대꾸도 없이 나를 노려보던 그 사람은 풀썩 주저앉더니 말을 꺼냈다.

"처음부터 이랬으면 가스통 같은 거 안 들고 왔지, 당장 나한테 사과해!”

"얼마나 억울하셨겠습니까, 정말 죄송합니다. 제가 모두를 대신해서 사과드리겠습니다. 치료비는 보험회사하고 제가 다시 한번 알아보겠습니다. 치료비가 모자라면 제 월급에서라도 보태보겠습니다. 그러니 가족들을 봐서라도 진정하세요.”

피해의 진실성 같은 건 차후에 따질 문제였다. 억울하다는 그 사람을 달래는 일이 우선이었다. 그렇게 나는 함께 바닥에 앉은 채 그 사람의 얘기를 들어주었다.

"정말 미안합니다.”

2시간이나 흐른 뒤, 자기 말을 마무리 한 그는 결국 사과를 했다. 이미 경찰이 와 있었지만 다른 사람들의 동의를 얻어 없던 일로 하기로 하고 사태를 마무리했다. 그가 갑자기 마음이 바뀌어 불씨를 댕겼다면 어떤 참사가 벌어졌을지, 생각조차 하기 싫었다.

그 사람을 보내고 사무실로 돌아온 나는 다리가 풀려 그 자리에 주저앉았다. 그제야 관리자로서 책임을 다 했다는 안도감이 들었다.

직급이 더 높고 월급을 더 받는다는 것은 그만큼 더 많은 책임을 지겠다는 암묵적 합의를 바탕으로 한다. 직장 생활을 하다 보면 관리자로서 책임은 다 하지 않고 부하 직원에게 떠넘기기만 하는 사람도 만난다. 심지어 직원들을 불러 술을 마시자고 해놓고는 상습적으로 계산도 안 하고 먼저 가 버리는 상사를 본 적도 있다.

관리자로서의 책임을 잊지 않고, 부하 직원들 보다 더 열심히 일을 함으로써 존경을 받겠다는 마음가짐은 그때나 지금이나 잊지 않으려고 노력하고 있다.

신입 강사

2004년 3월, 한 신입 강사가 우리 수련관에 들어왔다. 밝게 웃으며 인사를 하는 그가 마음에 들었다. 덕분에 사무실에도 생기가 돌았다.

그런데 그에게는 단점이 있었다. 바로 잦은 지각이었다. 매일 5분은 기본이고 10분 15분씩 연락도 없이 늦는 것이었다.

그러던 어느 날. 이른 아침 알림 소리에 핸드폰을 들어 확인하니 그가 보낸 문자였다.

"주임님. 어제 먹은 게 체했는지 아파서 □□병원 응급실에 와 있습니다. 그래서 오늘 아침 6시 수영 수업을 못 할 것 같아요."

응급실을 갈 정도면 상당히 위급한 상황이었겠구나 하는 생각에 걱정이 되어 그 병원에 전화를 걸었다.

"여보세요? 간밤에 응급실로 들어온 김○○라는 분이 있지요? 일반 병실로 옮겼나요? 상태를 좀 알 수 있을까요?

"…그 성함이 맞나요? 환자 중에 그런 이름은 없는데요."

본의 아니게 그의 거짓말을 밝혀 버린 셈이었다. 나중에 알게 된 사실이지만, 그저 전날 과음한 탓에 이른 아침 수영 강습을 피하고 싶을 뿐이었던 것이다.

생각해 보니 그는 늘 자신의 지각에 대해 핑계를 덧붙였다. '출근길에 버스가 멈췄다', '잠깐 졸다가 한 정거장 더 갔다' 등등, 이제 그 핑계가 전부 거짓말이 아니었던가 하는 의심까지 들었다.

그의 지각과 핑계는 이후에도 나아지지 않았고, 급기야 강습을 받는 회원들의 민원으로 번졌다. 강사를 바꿔 달라는 요청까지 나왔다.

책임자인 나로서는 그를 호출할 수밖에 없었다.

"김 선생님. 회원들 민원이 자꾸 들어옵니다. 선생님 본인도 아침에 일어나기 힘들어 제시간에 못 나오면 거짓말도 해야 하고, 스트레스가 많을 것 같아요. 본인 의지로 잘되지 않는다면 이번 기회에 다른 일로 바꿔보는 게 어때요?"

그 면담 후, 그는 두 달쯤 지나 사직서를 내고 그만두었다.

'조금 늦어도 일 하나는 잘 하는 직원'과 '일은 조금 더디지만 시간은 잘 지키는 직원' 중 어느 한쪽을 선택하라면 나는 당연히 후자를 고를 것이다. 시간 약속을 잘 지키지 않는 것은 기본적으로 타인에 대한 배려가 없기 때문이라고 생각하기 때문이다.

거기에 눈앞의 문제를 회피하려고 크고 작은 거짓말을 하고, 그런 것이 쌓여 결국 다른 사람과의 관계까지 안 좋아지는 경우를 많이 봐왔다.

회사는 내 할 일만 열심히 한다고 되는 것이 아니다. 다양한 사람들이 모여 있는 곳이다. 관계를 잘 맺어야 하는 것도 월급에 포함된 일이라고 생각한다.

자원봉사자

"안녕하세요. 저는 고천동 사는 김태한이라고 합니다. 혹시 제가 그곳에서 할 수 있는 일이 있을까 해서 연락드립니다. 저는 대학교에서 영문과를 졸업했고요. 관련 일은 잘 할 수 있습니다. 만약 관련 업무가 없다면 복사나 청소라도 좋습니다. 부탁드립니다."

어느 날 메신저로 쪽지 하나가 날아들었다. 내가 의왕에 있는 청소년기관에서 근무할 때의 일이다.

당시에는 바쁜 업무 때문에 하루가 어떻게 지나가는지도 모를 정도였다. 이런 이야기를 먼저 해오는 사람이 흔치도 않지만, 자원봉사를 하겠다고 해도 공연히 더 정신이 없을 것 같았다. 그런데 퇴근 후에도 묘하게 그가 보낸 쪽지가 머릿속에 맴돌았다.

'왜 내게 그런 쪽지를 보냈을까?', '돈이 필요한 건가', '집안이 어려운가?', '진짜 어려운 상황이면 어떡하지?', '나도 옛날에 정말 어려웠는데….'

그 쪽지를 보내기까지 얼마나 고민을 했을까라는 생각도 들었다.

다음 날 나는 관장실로 찾아가 말했다.

"관장님. 요새 신규 사업도 있고, 새로운 일손이 필요하긴 한데 채용 시기도 아니고 해서요. 제가 아는 청년을 좀 불러볼까 하는데요. 자원봉사를 하겠다고 합니다."

그러나 관장님은 사람을 함부로 들일 수 없다며 반대했다. 오기가 생긴 나는 설득에 나섰다.

"만약 그 친구가 와서 조금이라도 피해를 준다면 그날부로 바로 나가라고 하겠습니다. 게다가 자원봉사 아닙니까. 고정 월급이 나가는 일도 없을 겁니다."

결국 관장님은 승낙했다.

"그렇다면 윤 팀장 뜻대로 해보세요. 단, 조금이라도 피해를 주면 그날로 아웃입니다."

문을 닫고 나오면서 안도의 한숨을 쉬었다. 왠지 한 사람을 도울 수 있을 것 같은 생각이 들었다. 나는 자리로 돌아와 메신저로 쪽지를 보냈다.

"다음 주 월요일 9시까지 1층 활동팀으로 오세요."

잠시 뒤 그에게서 답장이 왔다.

"감사합니다! 늦지 않게 찾아뵙겠습니다!"

며칠 뒤. 사무실 문이 열리면서 낯선 청년이 들어왔다.

"안녕하십니까? 조금 늦었습니다. 죄송합니다."

문을 조심스럽게 열며 들어왔다. 단정한 정장을 차려 입고 왔지만 시계를 보니 9시 10분으로, 첫날부터 지각이었다.

　"첫날부터 지각입니까? 10분을 우습게 보는 사람은 시간을 허투루 쓰는 사람입니다. 우리는 그런 사람 필요하지 않습니다. 같이 일하기로 한 것은 없던 일로 하겠습니다. 돌아가세요."

　나는 시간 약속을 중요시한다. 간혹 5분 10분 정도로 그렇게까지 할 것은 없지 않으냐고 말하는 사람도 있지만, 기본이 제대로 되어 있지 않으면 그것이 더 커져서 큰 실수로 이어질 가능성도 있다고 생각한다. 기본만큼 중요한 것은 없다. 오랜 선수 경험을 통해 체득한 바이다.

　그는 당황했지만, 이렇게 대답했다.

　"늦어서 죄송합니다. 그에 대해서는 백번 잘못했습니다. 하지만 이왕 온 거 오늘 일은 하고 가겠습니다. 한 번만 양해 부탁드립니다."

　당돌하다고 해야 할지, 버릇이 없다고 해야 할지. 이번에는 내가 살짝 당황하고 있었는데, 내 대답을 듣기도 전에 그는 빈자리에 가서 앉아 버렸다. 그 모습에 그에 대한 호기심이 생겼다.

　아침 직원 회의를 마친 나는 그를 회의실로 따로 불렀다.

　"좋습니다. 늦은 것에 대해서는 더 이상 따지지 않겠습니다. 하지만 앞으로 한 번 더 늦으면 함께 할 수 없습니다. 그리고 자원봉사기 때문에 급여와 식대는 별도로 지급되지 않는 것 아시죠? 업무 시간은 오전 9시부터 12시까지 3시간입니다. 업무는 출근 후 회사 주변 쓰레기를 좀 치우고, 직원들 책상을 닦아 주세요. 그다음엔 사무를 보조하고요. 알겠죠?"

다음 날. 출근하는데 회사 주차장에서 그를 만났다. 시간을 보니 오전 8시였다. 그는 첫날 입고 왔던 정장 차림으로 빗자루와 쓰레받기를 들고 열심히 비질을 하고 있었다.

"안녕하십니까! 좋은 아침입니다!"

30분쯤 뒤에는 사무실로 들어오더니 활기차게 인사를 건넸다. 그러고는 직원들 책상을 걸레로 닦기 시작했다.

"어머. 책상이 깨끗해졌네."

"그러게 여기도 정리가 되고."

출근한 직원들의 반응은 좋았다.

그러더니 근무 시간이 끝나는 12시가 되자 내게 와서 말했다.

"어차피 집에 가야 할 일도 없는데요. 그냥 여기 앉아 있으면 안 될까요? 회사라는 분위기도 좀 더 느껴보고 싶고요. 방해 안 되게 할 테니 앉아 있게 해 주세요."

안 될 일은 아니었다. 나의 허락을 받은 그는 직원들이 다 퇴근하고 당직 근무자가 상주하는 밤 10시까지 매일 같이 남아 있었다. 그러면서 복사 같은 직원들의 자잘한 요청을 묵묵히 처리해 나갔다.

그렇게 6개월을 했다. 짧다면 짧은 기간이지만 길다면 긴 시간이었다. 그의 성실함을 인정한 우리는 시간제 계약직으로 채용했다. 다만 처음 약속대로 오전 3시간 업무에 대한 부분만 급여를 주었다. 월급 30만 원 밖에 되지 않았다. 하지만 그 뒤에도 그는 꾸준한 모습을 보여 주었다. 지각은 첫날 한 번뿐이었다.

2년 뒤에는 풀타임 계약직이 되었다. 그래 봐야 급여는 105만 원. 그러나 오히려 3배나 오른 월급이 너무 많게 느껴진다며 해맑게 웃던 그 모습이 기억난다.

다시 3년 뒤에 그는 정직원 채용에 응시해 당당히 합격했다.

정직원으로 4년을 더 일한 뒤 그는 회사를 떠났다. 더 많은 도전을 하고 싶다는 것이 그의 말이었다.

그는 작가가 되었고, 지금은 책을 쓰고 싶은 사람을 도와주는 기업을 운영하고 있다.

그를 보며 깨달은 바는, 꾸준함은 재능을 뛰어넘는다는 사실이다. 그는 당시 학벌이 좋은 것도 아니었고, 자격증을 많이 가진 것도 아니었다. 그의 장점은 무언가를 시작하면 꾸준히 해낸다는 것이었다. 뛰어난 재능을 가진 사람을 지금껏 많이 만났지만 그처럼 꾸준함을 가진 사람은 아직 보지 못했다.

만약 지금 자신이 가진 능력이 부족하다고 느낀다면, 아주 작은 일이라도 꾸준히 해보기를 권하고 싶다. 작은 성취는 큰 성취로 이어질 수 있다. 나는 한 자원봉사자의 모습을 통해 그 사실을 확인할 수 있었다.

농구 강사

역삼청소년수련관에서 근무할 때의 일이다.

학생 5명이 수익사업 팀장인 나를 찾아왔다.

"안녕하세요! 저희는 중앙대 체육학과에서 공부하는 대학생입니다. 교수님이 집 근처 스포츠센터에 가서 체육센터 운영 시스템을 알아보라고 팀 과제를 내줘서 이렇게 찾아왔습니다. 선배님, 많은 가르침을 주십시오."

기관 방문 시에는 방문 목적을 밝히고 사전 약속을 잡는 것이 상식이다. 그런 것을 아는지 모르는지, 막무가내로 찾아온 학생들은 나를 선배님이라고 부르기까지 했다.

그래도 그 친구들의 자신감과 패기를 보니 기분은 좋았다. 그래서 기관 견학을 시켜 주면서 사진도 찍게 해 주고, 생활체육 관련 운영에 대해서도 상세히 알려 주었다. 그들도 열심히 질문을 하는 등, 우리 수련관에 대한 관심을 보였다.

"체육학과는 아니지만 나도 홍대에서 운동선수를 했어요. 군산고 출신인데, 농구 선수였습니다."

음료를 대접하면서 내가 말하자 학생들 중 키가 2m는 됨직한 거구의 친구가 반색했다. 우현이라는 이름이었다.

"팀장님, 저도 전주고에서 농구 특기생으로 들어왔습니다. 무릎이 안 좋아서 지금은 운동 그만두었지만요. 현재 광명에서 자취하면서 학교 다닙니다."

몸은 마치 거인 같았지만 목소리는 낭랑한 학생이었다.

오랜만에 같은 농구 선수를 만난 나는 선수 시절 운동 이야기와 대학생 때 아르바이트 이야기 등으로 기분 좋은 대화를 나누었다.

그 학생들과의 만남이 있은 지 한 달쯤 지나 토요일 농구 수업 강사를 채용할 일이 생겼다.

토요 농구 수업은 1타임 2시간 밖에 안 되기 때문에 강사료도 10만 원 정도에 불과했다. 게다가 우리 수련관의 체육관은 다른 곳보다 좁았다. 경력이 있는 강사들은 보수나 시설에 대한 것을 듣고는 고개를 저었다.

혹시나 해서 채용 공고를 내보았는데, e메일로 딱 1개의 지원서가 들어왔다. 무슨 인연이었는지 일전에 얘기를 나눴던 거구의 학생이었다. 경험이 없는 학생이기는 했지만 수련관으로서도 다른 선택지가 없었다.

사실 토요 농구 수업은 체육관이 비는 시간을 이용해 실험 삼아 만들어 본 강좌였다. 청소년들이 일주일에 하루 정도 농구를 하면서 스트레스를 풀 수 있으면 좋겠다는 바람이었다.

그런데 그것이 의외의 민원을 불러왔다.

"토요일 농구 수업 15명은 너무 적지 않나요? 20명으로 늘려주세요."

"토요일 한 타임 더 만들어 주시면 좋을 거 같아요. 같은 선생님으로요."

"농구 가르치는 우현 선생님 칭찬합니다. 엄청나게 잘 해 주고, 잘 가르쳐 준다고 아이가 대만족이네요."

기분 좋은 민원이었다. 대학생 강사의 토요 농구 수업이 대박을 터트린 것이다.

학생 강사의 인기 비결이 궁금해진 나는 그의 수업을 살짝 살펴보았다.

그는 몸풀기와 기본 레이업 연습 후에 바로 3 대 3 게임으로 들어갔다. 농구의 기초나 자세 같은 것은 건너뛰고 게임으로 이끌었던 것이다. 그리고 본인도 아이들과 뛰었다. 게임 도중 2m의 키로 볼을 잡고 팔을 뻗어 올리기라도 하면 아이들이 그 밑에서 볼을 빼앗아 보겠다고 아등바등하는 모습이 말 그대로 '고목에 매미'였다. 수업 내내 아이들의 웃음이 끊이지 않았다.

나도 농구 선수였지만, 농구를 제대로 배운다는 것은 결코 재미있는 일이 아니다. 다른 강사들이 원칙적 수업을 고집하여 아이들을 지루하게 만드는 부분이 있었던 데에 반해 우현 선생님은 농구의 즐거움을 가르치고 있었다.

뿐만 아니라 그는 매주 수업이 끝난 뒤에는 결석한 학생에게 전화를 걸어서 안부를 묻고 다음 주에는 꼭 나오라고 얘기해 두는 성실함까지 보였다. 학부모에게는 그 학생이 농구에서 보여준 장점을 전해 주기도 했다.

그의 성실함은 체육관 바깥에서 더욱 돋보였다. 일찌감치 수련관에 출근한 그는 사무실에 들러 사무실 직원들에게 듬직한 목소리로, "안녕하세요. 우리 농구 교실과 체육관 잘 부탁드립니다." 하고 깍듯이 인사하는 것으로 시작했다. 그리고 수업에 앞서 체육관을 환기시키고 바닥 기름걸레질을 직접 했다. 수업 도구인 팀별 조끼를 본인이 직접 구매한 것은 물론이고 매주 깔끔히 세탁까지 해왔다. 더 이상 바랄 바 없는 강사였다.

어느 날은 나를 찾아와 개인 면담을 신청했다.

"팀장님. 다름이 아니라, 초등학교 학부모들이 아이들 4명씩 묶어서 따로 외부에서 강습해달라고 합니다. 아이들이 농구를 너무 좋아해서 그러는데요, 토요일 2시간 수업은 아이들에게 부족하다고 해서요."

미안해하면서, 더듬더듬 나에게 얘기하였다. 별도의 강습을 가지면 안 되겠냐고 양해를 구한 것이었는데, 나로서는 반대할 이유가 없었다.

그렇게 그는 3개월도 안 돼서 우리 수련원 최고 인기 강사가 되었다. 덕분에 수련원의 인기도 높아졌고, 토요 농구는 3개 타임으로 늘렸는데도 항상 조기 마감이었다.

그는 강남 학부모 사이에서 '거인 강사'로 통할 정도로 인기인이 되었고, 이어지는 그룹 방과 후 수업으로 수입도 넉넉해졌다. 그 수입으로 대학을 졸업했고, 대학 졸업 후에는 모은 돈으로 해외 연수까지 갈 수 있었다.

그는 내가 본 엘리트 운동선수 강사 중의 최고였다. 내 주관적인 평가가 아니라 그의 수업을 받은 청소년들의 설문조사를 통해 얻은 결과가 그러했다. 만족도 98%였으니 누구든 인정할 수밖에 없는 최고의 강사인 것이다.

설령 과거에 프로 출신의 대단한 선수였다고 해도 가르치는 것은 그와 별개다. 특히 청소년을 가르치는 데는 운동 기술보다 공감 능력이 중요하다.

'거인 강사'는 본인이 농구를 배운 방식인 스파르타식 기초 다지기를 답습하는 대신 아이들의 눈높이에 맞춰 즐겁게 하는 농구를 가르쳤다. 거기에 성실함이 더해지면서 강사로서의 인기와 수입이 함께 올라간 경우라고 할 수 있다.

청소년을 지도하는 사람이라면 배워야 할 점이라고 생각한다.

대학교수

　고등학교 농구부 동기 중에 특이한 친구가 있었다. 인수라는 이름의 그 친구는 188cm 정도의 큰 키에 운동을 잘 했는데, 거기에 수업도 빠지지 않았고 운동부 아닌 학교 친구들하고도 폭넓게 친했다.

　"너 또 단어 외우냐? 점심 먹었으면 한숨 자야지. 무슨 영어 공부야. 잘 쉬어야 오후 운동도 잘 되는 거지. 농구부는 농구만 잘하면 돼! 체육관에서 공부가 되기는 하냐? 우리는 농구 잘 해서 대학 가면 되는 거라고."

　선배가 야단을 칠 정도였다.

　농구부는 매일 운동한다는 핑계로, 수업에 들어가면 들어가는 순간부터 점심시간인 12시 반까지 책상에 엎어져 잠만 자고 나오는 일이 많았다.

　선생님들도 깨우지 않았다. 오히려 조용히 자는 편이 수업에 도움이 된다는 식으로 생각했다.

　때로는 빈 책상을 선생님 눈에 띄지 않게 빼놓는 식으로 속이고 수업에 들어가지도 않았다. 수업 대신에 학교 매점 아니면 학교 앞 만화방에 죽치고 시간을 보냈다. 만화방에 하도 오래 있어서 졸업할 즈음에는 읽을 만화책이 없더라는 운동부 선배도 있었다.

그러나 그 친구는 수업을 빼먹고 만화방 같은 곳에 가는 일은 당연히 없었고, 수업 시간에 자는 일조차 없었다. 오히려 공부 성적이 중위권 정도를 유지하고 있어서 학교 선생님들의 칭찬도 자자하였다.

"운동부! 그만 좀 자라! 네가 평생 운동만 하고 살 거 같냐?! 농구부 인수 좀 본받아라. 그러다 너 나중에 절대 후회한다."

선생님들은 인수와 비교해 운동부원들을 야단치기도 했다.

당시 내가 놀랐던 일이 있다. 운동 시작 30분 전 미리 모인 농구부원들이 수다를 떨고 있는 가운데 인수만 저편에 앉아 양말 안에서 무언가를 꺼내 읽는 것이었다.

"어쭈~, 그거 뭐냐? 연애편지지?"

슬쩍 다가가 재빨리 종이를 빼앗아 본 나는 입을 딱 벌리지 않을 수 없었다. 연애편지가 아니라 영어 단어와 문장을 적은 암기용 쪽지였다.

그는 새벽 운동이나 야간 운동을 한 번도 빠지지 않고 열심히 하는 선수였고, 공부도 소홀히 하지 않는 학생이었다. 그의 노력하는 모습에 나는 친구지만 존경하는 마음이 생길 정도였다.

그러나 운동부원 중에는 괜한 트집을 잡는 사람도 있었다.

"걔는 키만 컸지, 공격만 하고 수비가 잘 안 되잖아. 그러니까 공부나 하는 거라구."

뒤에서 뭐라 하든 그는 전혀 신경 쓰지 않았다. 운동이든 공부든, 자기가 해야 할 바에 노력을 기울였다.

나도 친구의 그런 모습을 보고 배우려 노력했다. 수업도 안 빼먹고, 수업 시간에 잠도 안 자는 등, 나름 노력해 보았다. 하지만 쉽지 않았다.

그는 나에게 이렇게 충고한 적도 있다.

"여원아, 너 농구로 대학 갈 거지? 그리고 농구 스타가 될 거지? 그럼 이제부터 영어 기초 회화라도 외워야 해."

나에게 공부를 해야 한다고 충고한 친구는, 적어도 운동부 중에선 그 친구가 유일했다.

그의 얘기는, '우리나라 농구에도 프로팀이 생길 거고, 그러면 외국인 선수도 들어온다. 그들과 함께 프로에서 뛰려면 영어로 의사소통을 할 수 있어야 한다'는 것이었다. 지금 생각하면 딱 맞는 예측이었다.

그 친구의 노력은 고등학교 때에서 그치지 않았다.

대학 2학년 무렵, 그 친구와 나는 여름방학 때 무릎 부상 재활 겸 군산의 수영장에 함께 갔다. 원래 그 친구는 물을 무서워하는 것으로 알았는데, 수영장에 들어가자 마치 물개처럼 수영을 잘 하는 것이었다.

"야, 너 수영 완전 잘 한다. 옛날에 선배들이랑 무주에 놀러 갔을 땐 물에 빠져서 울었잖아?! 그런데 어떻게 그렇게 헤엄을 잘 치냐?"

그에게는 분명 '물'이라는 글자만 들어도 벌벌 떠는 물 공포증이 있었다. 그것을 숨기는 대신 극복하기 위해 그간 꾸준히 노력한 것이다.

공포심을 극복하고 얻어낸 그의 멋진 수영 폼은 이후 내가 수영에 관심을 갖게 만들었고, 그 관심은 수상인명구조요원 자격 취득과 수영 강사 취업의 시발이 되었다.

운전면허 취득에도 그 친구가 영향을 끼쳤다. 그는 운전면허증도 이른 시기에 따서 군산에서 모일 때면 가끔 아버지의 차를 가지고 왔다. 나는 그 모습도 부러웠다.

"인수야, 운전면허 따려면 어떻게 해야 하냐?"

"운동 신경이 좀 있으면 학원 안 다녀도 되고 금방 딸 수 있어. 아줌마들도 금방 따더라. 우선 문제집 사서 필기부터 준비해."

그 말에 운전면허 필기시험을 준비했지만, 친구와 나는 좀 달랐다. 눈의 장애 탓에 필기시험은 7번이나 떨어졌고, 운동신경만 믿고 덤볐던 실기에서도 9번이나 떨어지면서 가까스로 2종 보통 면허를 딸 수 있었다. 하지만 친구의 모습에서 자극을 받지 않았다면 당장에 필요한 것도 아니라고 중간에 포기를 했거나 애초에 운전면허 취득을 시도조차 하지 않았을지 모른다.

체대로 진학한 그는 대학에서도 공부를 게을리하지 않았고, 캐나다 유학을 거쳐 박사학위까지 취득했다. 그 친구를 나의 멘토라고 여겨왔던 나는 그가 대학에서 학생을 가르치는 모습을 보고 대학원 진학을 결심했다. 그리고 한국체대 대학원에 원서를 냈다. 그러나 준비가 부족했던 나는 여지없이 불합격하고 말았다. 고등학교 때부터 공부에 손을 놓지 않았던 친구와의 차이는 역력했다.

하지만 쉽게 포기하지 않는 것은 나의 장점이다. 전공을 바꾸어서 청소년지도학과 대학원을 지원했다. 당시 잘 나가는 수련관의 팀장으로 합격을 자신하고 있었지만, 그쪽도 불합격이었다. 재차 시도하여 끝내 합격을 하긴 했지만 늦게 시작한 공부는 참으로 쉽지 않았다.

친구의 충고대로 고등학교 때부터 영어라도 열심히 해 두었다면 달랐을지도 모른다. 그나마 친구의 노력을 시기하지 않고 그의 모습에서 배우려고 노력한 것이 다행이라고 생각한다.

배울 바가 있는 친구가 곁에 있다면, 그 인생은 반쯤 성공한 거나 다름없다. 나는 지금도 그를 진정한 친구이자 배울 바가 많은 멘토라고 생각한다.

공부가 힘들 때면 그를 떠올리며 다짐한다.

"인수야, 지금까지 고맙다. 나도 이제 청소년학 박사에 도전할
거다."

5장
학생 vs. 운동선수

학생 선수의 고민

　학창 시절, 운동만 죽어라 했던 내게 가장 어려운 일 중 하나
는 학생으로서의 기본을 하는 것이었다. 온종일 진행되는 훈련
때문에 수업 들어가기도 어려웠고, 설령 들어간다 해도 잠자기
에 바빴으니 학력을 쌓는다는 것은 거의 불가능에 가까운 일이
라고 여겨졌다.

　학생으로 학교에 다니지만 일반 학생과는 확연하게 다른 생활
을 하게 되는 것이 학생 운동선수들이다. 선수로 진학한 내 경우
를 말하자면, 대학에 가서도 그것은 변하지 않았다.
　오히려 운동 외적으로 고단한 일들이 더해졌다. 기본적인 합
숙 생활 이외에 매일 자신의 빨래는 물론이고 가끔은 선배들의
운동복까지 세탁해야 했다. 거기에 기숙사 청소 등, 보통 학생이
라면 잘 하지 않을 일들을 해야만 한다.

　대부분의 운동선수나 그 부모님들이 착각하는 것이 있다. '운
동 하나만 잘 하면 된다. 그럼 성공할 수 있다'라고 믿는다. 그렇

지만 실상은 다르다.

동기 또는 후배와의 갈등, 선배들의 폭언과 집합이라는 이름의 가혹 행위, 코치와의 마찰이라는 장애물 등과 만나게 된다. 무엇보다도 자기자신과의 갈등이 밀려온다.

'내가 이런 거나 하려고, 이런 꼴을 당하려고 운동을 했나?'

그런 씁쓸한 생각이 밀려오는 시기가 있다.

혼자 있고 싶어도 혼자 있을 곳이 없는 운동부 숙소의 갑갑함, 엄격한 상하관계의 적응하기 어려운 분위기 등, 선수가 아니면 모르는 어려움이 많다. 그래서 많은 대학교 1학년 운동부원들이 휴학을 하거나 숙소에서 몰래 빠져나가는 일탈을 범한다.

보통 학생들보다 조직적이고 엄격한 생활을 하며 자라온 운동부 학생들의 바람은 대단한 것이 아니다. 그저 가끔은 늦게까지 술도 마셔보고, 친구와 낭만을 즐기며, 수업에 참여하여 공부도 하고 싶다는, 또래들의 당연한 생활을 자기도 해보고 싶다는 정도이다.

그런 바람을 운동 실력 향상이라는 명목으로 꺾고, '참고 견디면 좋은 날이 온다'는 식으로 학생들을 설득한다. 그리고서 차단된 학교생활에서 학생 선수들이 어떻게 처신하면 좋은지에 대해서는 아무도 따로 알려주지 않는다.

운동이 좋아서 운동과 함께 성장한 아이들이라도, 운동과 함께 따라오는 차단된 조직생활과 대인관계는 버거울 수 있다.

학교의 우승과 개인 성적은 중요한 것이지만, 그것만으로는 행복해질 수 없는 것이 사람이다. 학생 선수는 운동을 즐기고, 거기서 행복을 찾고, 나아가 상대방을 존중하는 배려심과 함께 성장해야만 한다.

운동선수는 하루하루 경쟁 속에서 산다. 스포츠 경기는 순식간에 승패가 갈린다. 뛰어난 운동 신경도 중요하지만, 승부와 경쟁의 압박감을 이겨낼 수 있는 정신력이 더욱 중요하다.

그를 위해 개인 맞춤형 상담, 정확한 마음 진단과 보살피기가 필요할 수 있다. 수영 선수 박태환, 체조 선수 손연재, 프로 골퍼 박인비 등 유명 스포츠선수 뒤에 그들을 챙기는 심리상담가가 있는 이유이다.

현명한 부모라면 아이들이 평상시 선수 생활을 어떻게 느끼고 있는지 관심 있게 봐주고, 선수라면 누구나 느끼는 시합에 대한 두려움과 불안을 극복할 수 있게 격려해 주어야 한다.

필요하다면 심리 상담 자리를 마련하는 방안도 고려하기 바란다. 본인이 왜 운동을 해야 하는지, 나와 타인에게 필요한 배려와 존중은 무엇인지, 각종 폭력에 대한 예방과 대책은 무엇인지, 등에 대해 사전에 얘기를 나누고 조언해 준다면 학생 선수에게 큰 도움이 될 것이다.

부모의 부담

딸들이 농구 선수인 관계로 학교에 가면, 초등학생인데도 고급 농구화를 시합용 런닝용 연습용 등으로 고루 갖춘 것을 보기도 한다. 운동복도 죄다 유명 메이커의 것이며, 무릎이나 발목보호대도 고급을 착용하고 운동한다. 어림짐작으로 따져 봐도 몸에 걸친 것들의 금액만 70만원은 넘어 보여서, 웬만한 프로 선수보다 초등학교 선수들이 더 좋은 것을 사용하는 게 아닐까 하는 생각이 들 정도다.

초중고 엘리트 운동선수는 코치들의 급여, 방과 후 프로그램 참가비, 식비 등으로 40~50만원 정도의 회비를 매달 내야 한다. 아이들의 기량 향상을 위해 주말 외부 강습을 받는다면 매달 50만원 정도가 추가로 들어간다.

이러한 비용을 마련하기 위해 어떤 부모님들은 대리운전과 같은 부업까지 해가며 다른 자식들에게 뒤지지 않게 지원해 주려고 노력한다고 들었다.

그런데도 운동하는 일부 철없는 아이들은 운동을 심하게 했다는 정도로도 병원에 가고 재활 치료까지 받으러 다닌다. 병원의 재활치료는 1회에 7~10만원 정도나 하는데, 부모의 사정은 아랑곳하지 않는 것이다.

이제 우리나라도 미국처럼 성적이 어느 정도 돼야 좋은 대학에 진학할 수 있다. 그저 운동만 잘한다고 좋은 대학에 가는 시대는 지난 것이다.

앞으로는 운동만 개인 지도를 받는 것이 아니라 학교 공부를 위한 학업 개인 지도에도 돈이 드는 상황이 될지도 모르겠다.

가난해서 운동을 시작한 나로서는 격세지감을 느끼지 않을 수 없다.

이 시간에도 운동 부장이나 코치님의 눈치를 살피고, 운동하는 자식들의 기분을 살피면서 저녁 늦게까지 아이를 기다리는 부모가 있을 것이다.

학생 운동선수들에게 권하고 싶다.

힘든 부분이야 많겠지만 운동선수로서 학교에서 생활할 수 있다는 사실에 감사하는 마음을 잊지 말라고. 지금이라도 부모님에게 '운동할 수 있게 해 주셔서 감사합니다'라고 꼭 말씀드리기를.

생각 키우기

어린 시절 지독한 가난 때문인지, 나의 내면에는 늘 억울함이 깔려 있었던 것 같다. 그래서 화가 나면 참지 못하고 주먹이 먼저 나가곤 했다. 그렇지만 늘 손해 보는 것은 결국 주먹을 휘두른 쪽이었다.

운동선수를 하면서는, 운동을 하면 하는 대로 하지 않으면 하지 않은 대로 불안했다. 미래에 대한 고민은 덤이었다.

그러한 자신을 달래기 위해 내가 선택한 것은 산책이었다. 아침에 잔잔한 음악을 들으며 천천히 걸었다. 자연을 보며 그날 내가 해야 할 일들을 머릿속에 하나씩 정리했다. 걸었을 뿐인데 이상하게 화가 가라앉았다. 내면과 생각이 차분해졌다.

나는 지금도 매일 회사 근처 공원이나 하천에서 아침 산책을 한다. 그리고 저녁 잠들기 전 10분 동안 명상을 한다. 오늘 하루는 충실했는지 점검해 보며, 나 자신과 만나는 시간이다.

아침 산책과 저녁 명상.

아침 산책에서 하루의 계획을 세우고, 저녁 명상에서 목표를 점검한다. 이 간단한 행동들이 내 생각의 크기를 키워주었음은 분명하다.

이제 나는 아침마다 회사 근처에서 산책하며 두 딸에게 문자를 보낸다.

"딸아, 오늘 하루도 좋은 말 좋은 행동 좋은 생각, 그리고 명상과 산책."

나는 어떤 잔소리보다 아침의 그 한 줄이 아이들을 바르게 자라게 해 주리라 믿는다.

운동선수도 공부를

"452명 중 398등이네. 나보다 밑은 누구야? 여원아, 넌 몇 등이냐?"

운동부인 우리는 성적이 어찌 되든 창피해 하지 않았고, 걱정도 하지 않았다.

담임선생님은 '운동부 놈들이 4명이나 있어서 반 평균을 깎아먹는 통에 반이 맨날 꼴찌 한다'고 화를 냈고, 반 친구들도 우리를 좋게 보지 않았다.

운동부 학생들은 그런 식으로 일찌감치 학교 공부에서 배제되기 일쑤였다. 나도 그때는 그것이 당연하다 생각했다.

이후 운동만 10년 정도 하다가 대학에서 운동을 그만둘 수밖에 없는 상황이 닥쳤다. 명색이 경영학과 학생이었기에 전공 수업에 들어가기는 했지만, 알아들을 수 있는 말이 하나도 없었다. 심지어 아는 친구도 한 명 없었다.

암담했다. 실패한 인생이라는 생각이 들었다.

'이제 뭐 하지'라는 생각에 잠도 못 자고 뜬눈으로 지새웠다.

"운동 잘 해서 프로 가면 되는 거지. 공부가 뭐 중요한가."

아직도 그런 무지한 말을 하는 사람이 있다. 그러나 세상은 달라지고 있다. 운동하면서도 내신 1등급을 유지한 야구 선수나 농구 선수가 서울대로 진학하여 공부와 운동을 병행하며 졸업 후 프로 입단 테스트를 받고 싶어 한다는 신문 기사를 본 적도 있다.

운동만 할 줄 아는 운동 기계로 자라다가 어느 날 운동을 그만두는 처지가 되어 하루아침에 꿈나무에서 미래가 없는 청년으로 추락하여 뜬눈으로 밤을 새워야 했던 나의 과거 모습은, 전혀 현명한 것이 아니었으며 지금 시대와 맞지도 않는다.

운동선수는 일반 학생보다 체력이 월등히 좋고 집중력도 뛰어나다. 때문에 늦게 시작하더라도 마음만 먹으면 분명 만회할 수 있다.

친구 아버님이 돌아가셔서 상갓집 일을 돕는데, 친구 누나가 "테이블 셋팅 좀 해 주세요"라고 하는 말조차 못 알아들었던 내가 박사 학위 취득까지 바라보고 있다는 것이 그 증거다.

우선 할 수 있다는 자신감을 가지기 바란다. 그러면 주변에서 도와줄 사람이 나타날 것이다. 운동이나 공부나, 중요한 열쇠는 긍정과 열정이다.

인사는 인성

전국대회 시합에는 많은 관객 외에도 대학팀 감독, 실업팀 감독 등 다양한 농구 관계자가 모인다. 선생님들은 그런 자리에서 나누는 인사가 중요하다고 말하지만, 학생 선수들은 그리 공감하지 않는다. 부끄럽기도 하고, '선수는 운동으로 보여 주면 되는 거지'라는 생각도 있고, 시합을 목전에 둔 긴장감도 있어서 인사를 피하는 경우가 많다.

하지만 내가 지도자의 입장이 되고, 운동시키는 학부모가 되어 보니 인사가 중요하다는 선생님들의 말은 참으로 맞는 얘기였다. 스포츠계는 그리 넓지 않기 때문이다. 농구계든 야구계든 같은 종목끼리는 여기저기 모두 엮여 있다. 그러다 보니 '○○학교 △△번이 운동은 좀 하는데 싸가지가 없는 거 같다', '걔는 인성이 안 좋아서 팀 분위기 흐려지니까 뽑으면 안 된다'라는 말이라도 나오면 순식간에 퍼져 버린다. 때로는 '그 아이가 괴롭혀서 몇 명 그만두게 만들었다'는 식의 풍문이 도는 경우도 있다.

같은 업계 사람들끼리 모이는 술자리나 식사 자리에서는 남에 대한 얘기가 나오기 마련이고, 많은 경우 좋지 않은 얘기가 오르내리기 쉽다. 소위 '씹는다'라고 하는 그것이다.

사람의 어두운 속성 때문이기도 하지만 경쟁이 치열한 운동계에서는 한 사람이라도 잘 하는 선수가 밀려나야 자기 차례가 올 가능성이 높아진다는 잔혹한 계산이 깔려 있기도 하다.

지금 당장은 잘 모르는 사람이라도 밝게 인사를 하고 생활하면 그런 어두운 얘기가 도는 것을 방지하는 데 다소나마 도움이 되리라 생각한다.

운동을 위해 학교를 옮기는 경우는 더 신경을 써야 한다. 전학이 필요하다면 부모가 그 사정을 코치나 감독에게 잘 설명하고 양해를 구하는 과정이 반드시 선행되어야 한다. 그런데 불편한 마음에 관련 선생님에게 인사조차 제대로 하지 않고 슬쩍 전학가 버리는 경우도 보았다.

안 그래도 전학하게 되면 대표 선발 등에서 마이너스 효과를 보기 쉽고 새로운 학교에 적응해야 하기 때문에 아이들의 스트레스도 크다. 전에 함께 운동한 동료와 지도해 준 분들에게 좋은 인상을 남기고 떠날 수 있도록 선수 자신은 물론이고 부모도 신경을 써야 한다. 그래야 새 학교 적응에 전념할 수 있고, 전학 이후에 따를지도 모르는 뜻밖의 풍문 피해를 방지할 수 있는 것이다. 어려운 일도 아니다. 평소에 밝게 인사를 건네는 것이 첫걸음이다.

선수는 운동 실력이 중요하다. 하지만 누군가를 뽑아야 할 때 그저 운동 실력만 보고 뽑지는 않는다. 팀 분위기 등 여러 요소를 고려해야 하기 때문이다.

대표라도 되면 더더구나 그럴 것이다. 학교 대표든 국가 대표든, 어떤 단체를 대표하는 선수가 이상한 짓을 하여 망신 사는 일이 생기면 그 피해가 크기 때문이다. 그래서 선수를 볼 때는 실력 외에 개인의 인성도 참고하지 않을 수 없다. 선수에게는 인성도 실력인 것이다.

선수를 이끄는 지도자 또한 운동 하나만 잘 하는 운동선수를 만들지 말고, 인성 좋고 많이 웃는 선수를 만들도록 해야 한다. 선수 또한 좋은 인성을 닦으려고 노력해야 하는 것은 당연하다. 그 인성의 표현은 누구에게나 밝게 인사를 건네는 인상에서 시작한다는 사실을 명심했으면 좋겠다.

운동부입니다

 2007년, KBS의 시사기획 〈쌈〉은 〈죄송합니다 운동부입니다〉라는 제목의 방송을 내보냈다. 연세대 농구부를 대상으로, 학업과 운동, 두 가지를 동시에 제대로 해낼 수 있는지 실험한 것이다. 그로부터 10년 뒤인 2016년에는 〈죄송합니다 운동부입니다 그 후 10년〉이 방송되었다. 나는 해당 방송을 유튜브로 다시 보면서 과거 나의 모습을 비춰보지 않을 수 없었다.

 나는 농구 선수로서 군산고에서 체육특기자로 홍익대에 진학했다. 당시 홍익대에는 체육학과가 없어서 체육특기생은 학생수가 많은 경영학과로 입학하는 경우가 많았다.
 나는 경영학 전공이면서도 실상은 경영의 '경'도 모르는 대학생이었다. 시즌이 없을 때 수업에 들어가서 '농구부입니다'라고 밝히면 교수님들이 마지못해 D- 학점을 주었다. 학생 선수들 대부분은 그런 점수를 가지고 자기들끼리 비교하면서 농담이나 나누었다. 지금 생각하면 부끄럽고 한심한 나의 모습이다.
 〈죄송합니다 운동부입니다〉에 나온 그들처럼 나도 학교 도서관이 어디 있는지조차 몰랐다. 1학년 때는 숙소 밖을 나가기도 힘들기 때문이다. 숙소에서 선배의 지시에 따라 그의 리포트를 대신 써 주다가 정작 내 것은 작성하지 못하는 일까지 있었다.

운동선수라고 해도 나 또한 수업에 참여하여 공부하고 친구도 사귀고 싶은 마음이 굴뚝같았다. 그러나 새벽 운동, 오후 운동, 야간 운동이 이어지고, 숙소에서는 선배들의 빨래와 주변 청소까지 기다리는 현실의 벽은 너무 높았다. 개인의 게으름 탓이 아니라 운동부의 시스템이 학생 선수의 공부를 사실상 막아 버리는 상황이었다.

중간고사나 기말고사가 되면 시험을 보러 들어가기는 했지만 답안지에 쓸 지식은 없었다. "죄송합니다. 운동부입니다"라는 것이 우리 답안이었다. 나는 거기에 한 줄 더 붙이고는 했다. "농구 점보시리즈에서 홍익대의 위상을 보여 드리겠습니다"라고. 그 글을 보고 D-가 아니라 D+를 주는 교수님도 있었고, 리포트를 내는 조건으로 C+ 학점까지 주는 분들도 계셨다.

그런 식으로 학생 선수들은 공부와 담을 쌓고 운동만 하다가 한 명 한 명 사라졌다.

운동선수의 이후의 삶에 대한 다른 프로그램으로, KBS에서 베이징올림픽 특집 다큐멘터리 〈슬픈 금메달〉(2008년)을 제작한 적도 있다. 그 프로그램에서는 올림픽 금메달리스트 유도 선수

김재엽이 나온다. 대한민국 최고의 스포츠 영웅인 그도 사업 실패 등으로 자살까지 고민했다고 한다. '세상은 준비되지 않은 순수한 사슴을 가만히 놓아두지 않는다'는 김재엽 선수의 말대로 현실이 녹록지 않음은 분명하다.

내 주위를 보면, 학생 선수였다가 그만둔 이후에 변변한 직업 없이 사는 사람도 있기는 하지만 그렇다고 잘못된 인생을 사는 사람만 있는 것은 아니다.

앞서 쓴 대로, 운동할 때부터 동료들이 낮잠 자는 시간을 이용해 책을 보던 '이상한 친구'처럼 체육과 교수가 되어 많은 운동선수들의 멘토가 된 동료가 있는가 하면, 중학교 때 일찌감치 운동 대신 기술을 배우는 쪽으로 방향 전환에 성공하여 지금은 사업체를 운영하는 친구도 있다.

운동 성적에만 올인하는 시스템의 문제가 우선 크다. 하지만 엘리트 운동선수로서의 성공만 바라보고, 그 이후의 인생에 대해서는 고민하지 않는 선수 개인의 문제도 분명 있다고 생각한다.

"금메달이 우리 삶을 행복하게 해 주진 않습니다. 금메달의 진정한 의미가 무엇인지 다시 생각해 보세요"라고 충고하고 싶다.

쓰면 뱉는 체육계

아이스하키, 체조, 육상, 유도 등 4개 종목, 내년부터 신입생 선발

하지 않기로. (중략)

비인기 종목에 대해 사실상 해체 수순에 들어갔다.

(한국경제신문 2020. 2. 13.)

기사를 보며 운동하는 청춘들은, '갈 수 있는 대학이 또 줄어들고 있구나'라고 한탄했을 것이다. 운동선수 출신으로서 나 또한 위와 같은 기사를 보면 가슴이 철렁 내려앉는다. 4년에 한 번, 2년에 한 번, 애국심을 강조하며 청춘들을 인간의 한계까지 밀어붙이는 훈련을 시키다가 대회만 끝나면 나 몰라라 하고 무신경으로 일관하는 체육계가 나는 싫다.

큰딸은 중학교 시절 아버지인 나의 영향으로 농구를 시작했다. 그러나 고등학교 3학년 초에 운동을 그만두겠다고 어렵게 이야기를 꺼냈다. 그만두려는 이유를 물으니, 선수들의 처우나 미래가 미비해 보여 이제라도 운동을 그만두고 수능공부를 하겠

다는 얘기였다. 당시 큰딸의 내신등급은 최하위인 9등급이었다. 운동에 전념했기 때문이다.

큰딸의 말이 나온 그날, 마음 아프고 또한 미안했다. 그 말을 꺼내기까지 얼마나 많은 좌절을 느꼈을까? 고등학교 2학년 중반 대회까지도 잘 하는 모습을 보고 대학 또한 문제가 없으리라고 믿었는데, 믿었던 큰딸의 고민을 부모조차 모르고 있었던 것이다.

운동 단체는 종목별로 다양하다. 그러나 선수들이 운동하는 그곳에 우리 청소년들이 보고 배울 것은 무엇이 있을까?

쇼트트랙의 안현수 선수는 2006년 토리노 올림픽 3관왕이었는데도 개인 부상에 소속팀인 성남시청팀의 해체 등이 겹쳐 어려움을 겪다가 결국 러시아로 귀화했다. 파벌 싸움 탓이라는 얘기도 있었다. 그나마 안현수 선수가 2014년 소치 올림픽에서 러시아 대표로 금메달 3개를 획득하는 결과를 보여 주지 않았다면 흐지부지 잊혔을 것이다.

2019년에는 고등학생 시절부터 코치에게 지속적으로 성폭행을 당했다는 쇼트트랙 심석희 선수의 사건이 터지기도 했다.

이런 체육계의 문제와 사건들이 어린 운동선수들에게 부정적인 영향을 미치지 않을 리 없다. 윗물이 맑지 않은데 어떻게 아랫물을 마시고 자랄 수 있겠는가.

어린 꿈나무들의 미래를 위해 우리나라 엘리트 운동선수 관련 시스템의 시급한 변화를 촉구하고 싶다.

부모님들께 드리는 당부

연습 경기, 전지훈련, 대회 경기 등, 학생 선수들은 많은 게임을 뛴다. 그때마다 경기장에 나와 시합을 지켜본 뒤에 경기를 뛴 자녀에게 뭐는 잘 했고 뭐는 못 했다는 식으로 얘기하는 부모님들이 있다. 어떤 학부모는 코치처럼 '오늘 네가 자유투가 잘 안 돼서 경기에 졌다', '드리블 자세가 높다'는 등, 나름 전문적인 경기 모니터링을 꺼내기도 한다.

그러나 경기장에 가는 학부모에게 꼭! 당부 말씀드리고 싶다.

경기 직후 아이들은 체력이 바닥난 상태이며 신경 또한 매우 날카로운 상태다. 부모님의 경기에 대한 의견은 아이들의 반감을 살 뿐이다. 나 또한 운동선수 시절에 다른 학부모가 나에 대해 이래라저래라 하는 말을 듣고 무척 화가 난 경험이 있다.

선수들은 누구보다 자기자신이 경기 중에 무엇이 부족했는지 잘 안다. 또한 경기 중에 선수 한 사람 한 사람에 대해 벌써 코치님이 충분히 지적하고 야단을 쳤을 것이다.

부모님들이 경기에 대해 더할 말은 사실 없다. 꼭 말을 하고 싶다면 '오늘 힘들었지, 고생 많았다. 잘 했다'라고 하면 된다.

부모님이 무심코 던진 말 한마디가 아이들에게 힘이 되기는커녕 평생 반감으로 남을 수도 있음을 명심해야 한다.

학부모의 모니터링이, '너희 부모가 뭔데 이래라저래라 하냐?' 하고 아이들 간 싸움의 원인이 될 수도 있다. 게임 후에 학부모끼리 식사라도 하면서 얘기를 나누다가, '누구 아이가 못 해서 게임 망쳤다'는 등의 얘기가 나오고, 다툼으로 번지는 경우 또한 적지 않게 봐왔다. 그래서 나는 운동하는 딸을 둔 아내에게 연습 경기 있는 날에는 되도록 학교에 가지 말라고 부탁한다.

학부모는 아이의 건강과 부상 시의 재활치료 등에만 집중하고 그 외의 사항은 학교에 맡기면 된다.

혹시 진심으로 아이하고 대화를 하고 싶다면 경기 직후가 아니라 집으로 돌아오는 길에 물어보기 바란다.

"오늘 게임 하다가 다친 데는 없니? 볼을 향해 아낌없이 몸을 던지는 모습을 보니 너무 멋지더라! 그래도 부상은 항상 조심해야 해요."

이렇게 좋은 이야기부터 시작하면 아이도 자기 이야기를 꺼낼 것이다. 부모가 자신을 믿어 주고 칭찬한다는 생각이 들면 아이도 더욱 열심히 하기 마련이다. 국가대표의 학부모가 되고 싶다면 아이와 대화하는 법, 아이가 말할 때까지 기다리는 법, 아이 칭찬하는 법을 우선 배워야 할 것이다.

술자리는 멀리

　전지훈련이나 중요한 경기 후에 마음 맞는 학부모들과 코치가 저녁식사를 함께 하는 경우가 종종 있다. 저녁 먹는 것까지는 좋은데, 술자리를 좋아하는 코치라면 노래방이니 양주가 나오는 술집까지 2차 3차로 이어지기도 한다. 그러면 저녁 회식 비용도 눈덩이처럼 커진다.

　이 비용을 그날 술 마신 사람들끼리 처리하면 괜찮은데, 팀의 공금으로 지불하게 되면 문제가 불거진다. 술을 마신 회식파와 술자리에 가지 않은 비회식파로 갈라지는 것이다. 그날 자리에 있던 사람은 자리에 오지 않은 사람을 탓하고, 자리에 없던 사람은 과도한 음주를 지적한다.

　학부모와 지도 선생님 간 술자리는 본인들이 원한 것이기는 하지만, '우리 애 잘 좀 봐주세요'라는 무언의 부탁이 있음도 전혀 부정할 수 없다. 그런 이유로 코치와 자주 어울려 술을 마신 누구의 애는 게임에 잘 내보내고, 잘 어울리지 않았던 누구의 애는 게임에 안 내보낸다는 말까지 나오면서 내분이 생긴다.

용인경찰서는 27일 수원 A중학교 운동부 B코치와 운동부 담당 C 체육교사에 대해 각각 배임수재와 뇌물수수 혐의로 입건해 조사하고 있다고 밝혔다.

경찰에 따르면 B코치는 지난해 7월 1학년 운동부원의 학부모 D씨로부터 해외여행 경비 명목으로 자신의 계좌로 현금 100만원을 받은 혐의를 받고 있다.

B코치는 이에 앞서 2008년 12월께 수원시내 모 유흥주점에서 D 씨와 함께 술을 마시고 130만원 상당의 술값과 성접대를 받은 혐의도 받고 있다.

C교사는 지난해 1월 전지훈련장인 경남 창원시의 유흥주점에서 D 씨 등 학부모들로부터 250만원 상당의 술접대를 받는 등 5차례에 걸쳐 학부모 3~4명으로부터 술값과 성접대비 명목으로 1천만원 상당의 향응을 받은 혐의를 받고 있다.

(연합뉴스 2010. 1. 27.)

극단적으로는 위 기사와 같은 사건이 터지기도 한다. 불미스러운 일이 생기면 코치나 선생의 처벌에 그치지 않고 관련 학부모의 자녀도 전학을 가거나 운동을 그만두어야 하는 결과가 나올 수 있다.

아이의 실력이 좋다고 으스대다가 다른 학부모의 모함에 빠져 전학을 가는 경우도 보았다. 학부모들은 아이들이 운동을 잘 할수록 코치나 감독과의 술자리를 멀리하고 겸손해야 한다.

다시 말하지만, 자녀를 국가대표 선수로 만들고 싶다면 부모도 국가대표급이 되어야 한다. 술자리보다는 운동종목에 관한 지식, 청소년상담, 재활 치료, 몸만들기 등에 관한 공부를 해야 할 것이다. 공부하는 부모 아래서 자란 아이가 술이나 마시고 다니는 부모의 아이보다 좋은 선수가 되는 것이 당연하지 않겠는가. 아이는 부모의 거울이다.

뒷담화는 파울

운동하는 아이들을 기다리며 연습장에 삼삼오오 모인 부모들은 자녀 운동에 대한 평가, 코치에 대한 평가, 학교에 대한 평가, 상대방 학교 평가 등, 다양한 정보와 함께 여러 '뒷담화'를 나누게 된다.

결론부터 이야기 하자면, 정보와 평가를 나누는 것이야 좋지만 코치에 대한 뒷말은 하지 말아야 한다. 운동하는 사람에게는 '신이 주신 느낌'이라는 것이 있다. 운동을 오래 하다 보면 묘한 '촉'이 생긴다. 들리지 않을 거리지만 벤치에 앉은 부모들이 무슨 말을 나누는지 코치는 운동 지도 중에도 느낌으로 알 수 있다. 적어도 아이들 칭찬을 하는 것인지, 코치 욕을 하는지 정도는 판별이 된다. 그리고 그 느낌은 나중에 그들이 나눴던 어떤 말이 돌고 돌아 실제로 자기 귀에 들어옴으로써 확인되기도 한다.

들리지 않는다고 해도 부모가 아이들을 앞에 두고 선생님의 욕을 하는 것은 도리가 아니다. 특히 운동을 하는 쪽에서는 그 말이 부메랑처럼 자기 아이에게 돌아오고, 때로는 그 말이 화근이 되어 학교 팀 전체에 분란이 일기도 한다. 부모가 코치 욕을 밥 먹듯이 하면 그 아이 또한 코치님을 좋지 않게 보기 때문이다.

'팀에 그 미친 놈이 없어지면 바로 행복해질 것 같지만, 그놈이 없어진 그 자리를 차지한 또 다른 미친 놈이 내가 아닌지 살펴야 할 것이다'라는 말이 있다. 학부모 자신은 선생님에게도 잘하고 아이에게도 잘 하고 있다고 스스로를 평가하면서, 다른 사람들은 그만 못 하다고 평가하는 이가 적지 않다. 그리고 무심코 그런 생각을 누군가에 얘기하게 된다. '누구 탓이다', '누구는 문제다'라는 식의 뒷말이 오고 가는 것이다.

코치들에게는 나름의 네트워크가 있다. 종목별 스포츠계는 그리 넓지 않아서 흘러나온 얘기는 금방 한 바퀴를 돈다. 어떤 팀의 누가 어느 학부모 하고 무엇 때문에 다퉜는지, 팀 분위기가 어떤지 등등, 웬만한 소문은 이내 귀에 들어온다. 서로 경쟁해야 하는 운동계에서는 모든 것이 승부를 위한 정보가 될 수 있기 때문이다.

요즘 많은 운동부에서는 학부모의 연습장 출입을 자제 또는 금지시키고, 간식비 같은 애매한 돈도 요구하지 않는다. 부모에게 요청도 하지 않고 대신 부모의 요구도 수용하지 않는다, 오로지 아이의 실력만 가지고 평가하겠다는 의지라고 생각한다. 부모들도 공연한 뒷말을 심심풀이 거리로 삼는 일이 없어야 할 터이다.

진정한 감사의 마음을

경조사 챙기기에 열심인 학부모들이 있다. 명절은 물론이고 코치 선생님의 생일과 심지어 코치 자녀의 생일까지 챙기는 학부모가 있다고 한다. 코치는 바라는 바가 아닌데도, 회비라도 걷어 뭐든 선물을 해 주어야 직성이 풀리는 학부모들이 아직 있는 모양이다.

그런데 학부모들도 다 알겠지만, 학교는 물론이고 임기제 계약직 공무원인 코치도 이른바 김영란법(부정청탁 및 금품 등 수수의 금지에 관한 법률, 약칭 청탁금지법)의 적용 대상이다. 법에서 정한 그 이상의 선물은 받을 수 없음을 명심해야 한다. 혹시 부모님의 과욕으로 잘 하는 선생님을 범법의 구렁텅이로 끌고 갈 수도 있다는 생각을 해야 한다.

요즘 운동하는 학생들에게는 선생님이 한두 명이 아닌 경우가 많다. 포지션별 선생님, 개인 지도 선생님, 재활 선생님, 학교 운동부 부장 선생님 등등, 이런 분들에게 다 선물을 돌려야 하는 것일까?

예전 시대 얘기지만, '집이 가난해 식사 대접도 변변히 못한 게 걱정스러워서 코치님 집에 직접 가서 김장을 대신 해 주는 식으로 선물을 대신했다'는 후배 부모의 얘기를 들은 기억도 있다.

지금은 다르다. 이제는 초중고에서 엘리트 체육을 원하는 학생이 많이 줄었다. 각종 미디어에서 운동부에 대해 부정적인 얘기를 많이 해서 그런지, 운동하면 고생이라고 생각한다. 게다가 저출산화의 여파로 학생 자체가 줄고 있어서 이제는 아이들이 상전이라고 할 정도다. 그에 따라 학교 운동부 코치들도 자기 자리와 팀의 유지를 위해 발품을 팔아 생활체육 아이들을 스카우트하기 위해 노력해야 한다고 들었다. 코치들이 막강한 권한을 자랑하던 시대는 지난 것 같다. 코치들 자신도 보다 합리적이고 공정한 결정으로 부당한 참견이나 불편한 뒷말을 피하는 것을 중요시하게 되었다.

부적절한 선물로 부담을 주기보다는 경기 관람을 위해 학교를 찾을 때만이라도 고생하는 코치님을 위해 시원한 음료와 함께 "선생님, 더운데 고생 많으세요" 라고 진심을 담아 얘기하는 편이 더 좋다고 생각한다.

부모는 아이들의 거울이다. 아이를 위한다는 명목으로 조금이라도 부끄러운 행동을 해서는 안 될 것이다.

성공 삼합 +알파

운동선수였던 나는 운동선수인 딸에게 '운동은 즐기면서 하고, 네가 정말 운동이 싫어지면 언제든 그만두고 다른 것 해도 된다'라는 말을 자주 해 주었다. 진심이기는 했지만 속마음은 한결같지 않았다. 이왕이면 아이가 잘 뛰어서 신문에 인터뷰도 실리고, 주변 학부모들이 우리 아이 칭찬하는 말을 들어봤으면 하는 바람이 없을 수 없었다.

'대한민국 국가대표', 운동선수 학부모들은 누구나 자녀를 그렇게 만들고 싶어한다. 나 역시 내가 못다 이룬 꿈을 딸아이에게 기대한 바가 없다고 할 수 없다.

그런데 정말 뛰어난 선수를 길러내려면 우선 여러 조건이 충족되어야 한다. 그중 중요한 세 가지를 얘기하면 다음과 같다.

첫째, 운동하는 학교와 집 사이의 거리가 가까워야 좋다. 운동부 기숙사가 폐지된 지금은 집이 기숙사다. 통학 거리가 길면 이동 중 체력 소모도 크고 여러 유혹을 받기 쉽다. 그러므로 걸어서 학교를 다닐 수 있는 곳에 집이 있는 편이 유리하다.

둘째는 훌륭한 코치이다. 좋은 스승 밑에 훌륭한 제자가 나온다는 말은 여전히 진리다. 그런데 코치 입장에서는 그것이 생계이고 직업이다. 원래 코치는 교육자로서 안정된 직장이어야 하지만, 실제로는 학부모의 극성, 교장이나 체육부장의 압박, 동문회의 참견, 경기 성적 등으로 자리를 오래 지키지 못하는 경우가 드물지 않다. 코치를 고를 수 있다면, 한 학교에 얼마나 오래 있었는지를 보기 바란다. 경력이 있는 코치는 학교에서의 입지도 어느 정도 가지고 있고, 성적도 무난히 냈음을 뜻한다. 그것을 바탕으로 앞서 열거한 갈등과 압력도 어느 정도 이겨낼 수 있어서 본인의 소신에 따라 선수를 가르칠 수 있다. 그러한 코치가 결국 성적도 잘 내고 진학도 잘 시키는 경우가 많다.

세 번째는 학교에서 같이 운동하는 아이들이 좋아야 한다. 학교에 나가 살펴보면 함께 운동할 학생들을 관찰할 수 있다. 대개 운동선수 부모를 둔 아이들이 운동을 잘 하는 경우가 많다. 유전

적인 영향도 있겠고, 선수 경력이 있는 부모들은 운동 정보 네트워크도 잘 갖추고 있어서 고급 정보를 가지고 있을 확률이 높기 때문이다. 학교, 코치, 개인 지도, 재활병원, 무료 레슨, 스포츠 상담, 체육관 사용 등, 아이들에게 도움이 될 여러 정보를 활용할 수 있는 것이다.

위의 세 요건을 나는 '삼합'이라고 부른다. 운동선수였던 나의 경험과 운동선수 아이를 키운 부모의 경험을 바탕으로 깨달은 것들이다.

사실 나는 운동하는 아이의 학교를 멀리 옮긴 실수를 저지른 바 있다. 아이의 의견을 귀담아 듣지 않고 전학을 했다가 새 학교 적응에 어려움을 겪게 했다.

학교를 옮길 때 부모들은 그것이 최선이라고 믿어 마지않는다. 그런데 실제 운동을 하는 아이와 충분한 상의를 하지 못한 경우가 있다. 자녀의 의견도 잘 듣고, 옮기는 학교에서 아이의 미래를 볼 수 있는지 유심히 살펴야 한다.

자녀를 국가대표로 키우는 것은 하루아침에 가능한 일이 아니다. 삼합—집과 가까운 학교, 훌륭한 지도력을 갖추고 주변에 잘 대응하는 선생님, 좋은 동료와 학부모가 있는 학교, 이 세 가지 요건이 최고의 선수를 만드는 밑거름이라 생각한다.

거기에 한 가지 더, 플러스알파 요건이 있다. 어쩌면 이것이 제일 중요할지도 모른다. 그것은 운동하는 선수 자신이 '나는 최고의 선수가 될 수 있다는 믿음'을 갖는 것이다.

"국가대표, 된다! 된다! 된다!"

하루에 세 번씩 아침마다 외치면 정말 그 날이 오리라 믿는다.

다양한 책을 읽자

이제는 운동선수에게도 공부가 기본이다. 학교 공부뿐 아니라 운동에 대한 다양한 지식과 몸 관리에 대해 알아야 한다.

과거의 코치들은 체력 운동이라고 노상 산과 계단을 뛰게 했다. 코치 자신도 그렇게 배웠기 때문이다. 하지만 운동 직후 땀에 젖은 상태에서 산을 뛰면 체온 저하로 감기나 다른 병에 걸릴 가능성도 있고, 관절에도 썩 좋지 않기 때문에 효과적인 방법은 아니다.

미국에서 활동 중인 한국인 농구 선수의 얘기를 유튜브로 본 적이 있다. 그의 말에 따르면, 경기가 있을 때마다 그 경기를 녹화하고, 그것으로 밤새 비디오 분석을 하여, 다음날 운동할 때 선수 개개인에게 전날 경기의 장점과 수정 사항을 알려주는 코치가 있다고 한다. 그리고 포지션 별 코치들에게도 그에 따른 웨이트 트레이닝과 기술을 공유한다고 하니, 무작정 달리기만 시키던 과거의 훈련 방법과는 비교할 수 없을 정도로 과학적인 훈련을 하고 있는 것이다.

　체계적인 지원에 한계가 있는 아마추어 학생 선수라고 구식 훈련을 답습할 이유는 없다. 근력 증강, 재활훈련, 휴식을 취하는 법 등에 대해 책을 통해 스스로 학습할 수 있다. 인터넷에서도 다양한 정보를 얻을 수 있으나, 제대로 된 책을 통해 체계적으로 지식을 쌓는 편이 좋다.

　운동과 무관한 독서와 공부도 필요하다.
　나도 운동선수로서, '운동선수는 단순하고 착하다'라는 말을 종종 들어왔다. 사실 그런 말은 선수에게는 불쾌한 말일 수 있다.
　예를 들어, 우리나라 여자 농구 프로 선수의 경우는 대학생보다는 고등학교 졸업생이 바로 프로팀이나 실업팀으로 들어가는 경우가 많다. 그래서 선수들은 농구 외에 다른 기본지식이나 교양을 갖출 여유를 갖지 못한다.
　그러다가 프로 경력 1~2년 후에 그만두면 무엇을 할 수 있을까? 평생을 선수로 살 수 없다면 평소에 책을 읽고 다양한 공부를 할 수 있도록 사회가 배려해 주어야 한다. 학부모부터 이런 부분을 학교에 요구하여 학생 선수가 공부도 할 수 있는 분위기

를 만들어 주어야 할 것이다

피곤하다고 한 권의 책도 안 읽고 아무 공부도 하지 않는다면, 본인의 인생에 운동은 도움이 되지 않는다. 그만두는 것이 나을지도 모른다.

운동선수로서 인생을 사는 것은 평균 15년 정도로 본다. 이후 선수에서 물러나 사회에 나와서 학교에서 코치를 한다고 해도 PC로 간단한 문서도 작성하지 못하고 영문 정보 검색조차 잘 못하면 어떤 선수들이 그런 코치를 따르겠는가.

운동처럼 공부도 습관이고 훈련이다. 운동 일지를 쓰는 것처럼 책을 읽고 독후감을 쓰는 과제를 코치들이 내주면 좋겠다는 생각이 든다.

운동으로 얻는 성취감과 즐거움도 있지만 운동 외에 앞으로의 인생에 배워야 할 것들이 많다는 점을 명심하기 바란다.

6장
운동선수 vs. 인권

집합의 추억 1

매년 신학기가 되면 언론에 단골처럼 등장하는 뉴스가 있다. 중고등학교 운동부나 체육대학 내 가혹 행위가 바로 그것이다. 나 역시 운동선수 시절에 폭력을 겪었다.

지금도 이른바 스포츠폭력은 운동계 곳곳에 숨어 있다. 학생에 대한 코치의 폭언 폭행은 너무 쉽게 가해지고, 그것을 학부모들이 묵인하기도 한다. 선수들 간 폭력도 뿌리 깊다.

요즘에는 학교폭력, 스포츠폭력이라는 말이 사용되지만, 나의 중고등학교 시절에는 선배들이 '집합'이라는 이름으로 군기를 잡았다. 집합이 걸리는 날은 몸이 성한 채 돌아가는 날이 드물었다.

그날 집합은 한 선배의 지갑 속 돈이 사라진 일 때문에 시작됐다. 당시 내가 다니던 중학교에는 변변한 체육관이 없어서 인근 고등학교로 이동해 고등학생 선배들과 시설을 함께 쓰는 형편이었다.

그런데 그날 고등학교 3학년생의 지갑에서 돈이 사라진 것이었다. 고1 선배들이 운동 끝난 후 집합을 걸었고 나를 포함한 중학생 선수 전부는 학년 별로 엎드려뻗쳐를 했다.

"퍽! 퍽 ! 퍽!"

운동으로 단련된 고등학생들의 매질은 상상 이상이다. 10대쯤 맞고 나면 두 다리에 감각이 아득해질 정도였다. 누가 범인인지 따져 보지도 않고 연대 책임이라는 말로 그렇게 때리는 일부터 시작했다.

"훔쳐간 놈 안 나오면 10대씩 더 맞는다!"

그런 식으로 끝을 모르는 구타가 이어지는 가운데, 갑자기 한 선배가 "축구 골대까지 선착순 3명!"이라고 외쳤다. 그 말에 우리 중학생들은 운동장 축구 골대로 힘껏 내달렸다.

저녁 9시, 조명도 없는 칠흑 같은 운동장이었다. 3등 이내로 들어오지 않으면 또 맞든지 또 달려야 하는 것다. 어둠 속에서 그저 앞사람만 보고 죽어라 달렸다.

갑자기 눈앞이 번쩍하더니 정신을 잃었다.

…무거운 눈꺼풀을 간신히 밀어 올렸다. 흐릿한 시야로 둘레를 살펴보니 농구부 숙소였다.

난 머리에 수건을 감싼 채 동기들에게 둘러싸여 있었다. 나중에 들으니 축구 골대를 들이박고 그대로 기절했다고 한다. 고작 중학생이었던 나는 너무나 서글퍼서 눈물을 흘렸다. 그리고 병원에 가보자는 말도 못 듣고 혼자서 비칠비칠 집으로 향했다.

가는 내내 눈물이 멈추지 않았다. 늘 타고 다니던 자전거가 있었지만 그날은 탈 수가 없었다. 엉덩이와 허벅지가 피멍으로 얼룩져 자전거 안장에 앉을 수조차 없는 상태였다.

집에 돌아오니 어머니와 여동생은 이미 잠들어 있었다. 차라리 다행이라고 생각하며 잠자코 이불 속으로 들어가 숨죽여 눈물을 흘렸다.

그로부터 일주일 후, 나는 농구부를 그만두겠다고 코치님에게 이야기하였다.

"도둑으로 몰리고 선배들에게 개처럼 맞고 싶지 않아요. 사람답게 살고 싶다고요."

그 말은 들은 코치님이 선배들로 하여금 나에게 사과하게 하였지만, 그들의 무성의한 사과는 나에게 별 의미가 없었다. 그만두고 싶다는 의견마저 무시당한 것이다.

집합의 추억 2

두 번째 집합에 대한 기억은 고등학교 1학년 때이다.

장충체육관에서 종별시합이 열렸는데, 첫 경기에서 진 상태이

므로 또 질 경우 2연패로 예선 탈락이 결정되는 상황이었다.

두 번째 상대 팀은 광신고. 그 팀에는 이후 스타 선수가 되는 문경은 선수가 있었다. 당시 고3이던 문경은 선수는 190cm의 키에 던지는 족족 들어가는 3점슛이 가히 대한민국 최상급이었다. 그렇게 중요한 시합을 앞둔 시점에서 우리 팀에는 정말 어이없는 일이 벌어지고 말았다.

"앞 경기를 보니 너희들 정신 상태가 아주 많이 빠졌어. 군산고의 전통은 정신 무장이다. 전원 집합!"

대학에 진학한 선배 두 명이 후배 응원을 위해 들렀다더니 갑자기 선수 모두를 밖으로 불러냈다.

내일이 시합인데 집합이라니, 말도 안 되는 상황이지만 그 말을 거역했다간 더 큰 폭풍을 맞을 수도 있음을 알기에 우리는 최대한 빨리 마무리하고 들어오자는 생각으로 나갔다.

집합이 시작된 시간은 밤 10시였다.

"헉 헉 헉."

한밤중의 장충단 공원은 우리들의 가쁜 숨소리로 가득 찼다. 장충단 공원 수표교 주변에서 오리걸음, 이준 열사 동상 근처 계단 오르기, 거기에 더하여 선배들의 욕설이 이어졌다. 그 집합은 새벽 1시까지 이어졌다. 날을 넘겨 종료된 집합에 숙소로 돌아온 우리는 씻는 둥 마는 둥 하고 잠에 곯아떨어졌다.

다음날, 광신고와의 경기 모습은 참담했다. 벤치에서 보는 나로서는 코트의 선배들이 불쌍할 따름이었다. 결과 또한 당연히 참패였다. 우리 팀 선수들은 시합 중간에 다리 근육 통증을 호소하며 쓰러지기도 했다. 간밤의 어처구니없는 집합의 악영향이 아닐 수 없었다.

한 선배는 그 게임 도중 발목 인대가 늘어나는 부상까지 입었다. 이후 그 부상은 끝내 회복되지 않아서 운동을 계속할 수 없다는 의사의 선고까지 듣게 되었다.

느닷없이 정신 무장이라는 미명 하에 가혹 행위를 저지른 두 선배는 아직도 자신들이 무슨 짓을 저질렀는지 모를 것 같다. 그들은 한 선수의 꿈을 강제로 빼앗아 버린 것이다.

선수 출신과 학창 시절 얘기를 하다 보면, 후배를 '집합'시켰던 것을 무용담처럼 늘어놓는 경우와 만난다. 어떤 사람이 얘기를 꺼내면 이에 질세라 경쟁하듯 경험담을 쏟아 놓는 꼴도 보게 된다. 그러나 운동부 내 폭력은 어떤 경우에도 정당화 될 수 없다.

2018년 넥센히어로즈의 신인 선수 안우진이 휘문고 재학 시절 야구공과 방망이를 이용한 폭행으로 대한야구 소프트볼 3년 자격 정지 징계를 받았다. (아주경제 2018. 1. 23.)

또한 여자 쇼트트랙 심석희 국가대표 선수가 폭력을 견디다 못해 선수촌을 이탈한 사건은 '심석희 선수의 경기력을 끌어

올리기 위해 그랬다'는 조재범 전 코치의 항변과는 달리 상습적 폭행으로 밝혀져 재판에 넘겨졌고, 중형이 선고되었다.

앞으로도 운동부 학교 폭력에 대한 미투(Me Too)는 또 나올 것이다. 그간 학대받은 사람들이 많았다는 반증이다.

두려움은 최상의 결과를 내기 위한 훈련의 방법으로 쓰이는 요소 중 하나다. 사람은 두려움을 느낄 때 그것에서 벗어나려 노력하기 때문이다. 하지만 정도가 지나치면 정신적 트라우마로 남을 뿐이다. 폭력은 말할 것도 없다. 그것은 범죄일 뿐이다.

수업에 들어가고 싶어요!

내가 운동부원이던 1990년대에는 5시 30분부터 7시까지 새벽 운동을 마친 후 집에 가서 아침밥을 먹고 9시에 등교하여 4교시까지 수업을 한 후 점심을 먹고 15시부터 오후 운동을 했다. 그리고 오후 단체 운동이 끝나면 야간에는 개인 운동으로 이어져서 거의 저녁 9시쯤에 집으로 돌아왔다. 새벽부터 저녁까지, 하루 7시간 이상을 매일 운동하는 것이다. 이것이 중요한 시합이 없을 때의 강도이다.

전국대회라도 임박하면 오전 운동까지 들어가서 하루 10시간 정도를 운동해야 한다. '이번에 4강에 들지 못하면 너희는 대학 꿈도 꿀 수 없다'는 식으로 코치는 협박 아닌 협박을 한다.

이런 상황이니, 운동부원들이 수업 시간에 무슨 공부를 할 수 있겠는가? 그렇게 10년 넘게 오로지 운동만 하며 학창 시절을 보내고, 잘 하면 대학에 진학한다. 그러다가 대학 입학 후 무릎, 발목, 허리의 부상을 극복하지 못하고 선수 생활이 끝나 버리는 사람들도 적지 않다.

중고등학교에서 운동을 그만두는 경우에는 학교 자체를 그만 두는 경우가 허다하다. 집안에 돈이 없는 학생의 경우에는 육체 노동을 하거나 지역 건달의 손짓에 넘어가기도 한다. 키가 크고 몸이 좋기 때문에 건달들이 유혹하는 것이다.

고등학교 입학 직후의 나는 공부와 운동을 병행하고 싶은 욕심이 있었다. 동료들보다 운동 성적이 괜찮았던 나는 코치님에게 부탁했다.

"선생님, 수업 다 받고 운동하면 안 될까요?"

이렇게 물으니 코치님은 말씀하셨다.

"그럼 영어나 좀 하든가. 운동선수는 영어만 잘하면 출세한다. 수업 다 듣고 운동하면 운동 시간이 줄어서 그 실력으로는 대학에 못 가."

운동선수 시절에 공부에 대한 중요성을 일깨워 주시는 선생님이 있었던가. 학교 수업 잘 들어가라, 자지 말라고 야단을 쳤을 뿐인 것 같다. 모교에 찾아온 선배들조차 그런 조언을 해 주는 사람이 없었다. 애초에 대학 운동선수만 찾아왔지, 중간에 학업으로 바꾼 선배는 찾아오지도 않았으니 무리도 아니다.

평창동계올림픽 기준이기는 하지만, 우리나라 올림픽 국가대표 5명 중 1명은 학생 신분이었다고 한다. 교육부에서도 운동과 학습 병행의 중요성을 인식하고 있다고 말하고 있으나 실효성 있는 정책이 펼쳐지고 있는지는 의문이다.

운동선수 생활은 길어야 15년이다. 그 이후의 사회생활을 위해 운동 외의 공부가 반드시 필요하다. 운동과 연관된 코치나 운동 학원을 운영하더라도 사회적 지식과 교양 없이는 어렵다.

기영노 스포츠 평론가는 "학생 선수가 공부하러 간다고 했을 때 대놓고 싫어하는 지도자들도 많았다"며 "'우리 아들 운동해서 대학 가고 프로 가야 하는데 뭔 공부를 하느냐'고 말하는 학부모도 있었다"고 말했다.

그는 "이기고 지는 냉정한 승부의 세계에서만 살아온 아이들"이라며 "제대로 교육받지 못했기에 올바르게 판단하기도 힘들고 인성 교육도 부족해 도박, 폭력, 약물 등 옳지 못한 선택을 할 위험성도 크다"고 경고했다.

(연합뉴스 2018. 1. 31.)

운동선수이기 전에 학생이며, 학생은 당연히 공부를 먼저 해야 한다. 그럴 수 있게 하려면 제도와 풍토를 개선해야 한다.

이미 국가에서는 최저 학력 기준에 도달하지 못한 학생의 전국대회 참가를 제한하는 '최저학력제'를 만든 바 있다. 이 제도가 더욱 폭넓게 적용되고 운동선수들의 학력 보강을 위한 대안까지 마련되기를 바란다. 이에 맞추어 체육특기생 선발 시 운동 성적 외에 교과 성적 등을 반영하는 대입 개선안도 속히 자리를 잡아야 할 것이다.

나아가 학생의 운동 시간에 상한제를 두어서 하루에 몇 시간 이상은 할 수 없다는 규제를 검토하는 것도 나쁘지 않으리라 생각한다. 최대 근로시간을 초과하면 위법으로 처벌하는 것처럼 말이다.

초중고 운동 코치를 선발할 때도, 앞으로는 교육 및 청소년들에 대한 이해도를 테스트하는 과정이 들어가는 것이 바람직하지 않을까 싶다.

학생들과 학부모의 생각도 바뀌어야 할 것이다. 수업에 들어가는 것을 막는 분위기가 있다면 코치의 눈치를 보지 않고 학생으로서의 권리를 당당히 주장해야 한다. 그것이 학생의 인생에 더 큰 도움을 줄 수 있음을 모두가 인정하는 사회 분위기가 만들어지기를 바란다.

마사지라는 악습

운동부들은 큰 시합 한 달쯤 전에 시합 준비와 팀워크를 다지기 위한 합숙에 들어간다. 합숙 시 3인 1실로 숙소를 배정하는 경우가 많은데, 모든 선배의 방 청소, 냉장고 청소, 화장실 청소, 유니폼 빨래, 선배 심부름 등이 매일 같이 이루어진다. 코치의 빨래와 다리미질까지 하는 경우가 있어 합숙 생활은 특히 1학년에게 가혹하다. '군대 가 보니 합숙 때보다 편하더라'라고 얘기한 동료가 있을 정도다.

"멘소래담 로션 가져와서 마사지 좀 해라. 오늘 너무 심하게 했는지 하늘 같은 선배님 장딴지에 무리가 왔다."

잠시라도 쉬려고 하면, 마사지하라고 부르는 선배가 나온다.

비닐장갑도 없이 그 후끈한 로션으로 선배의 허리부터 장딴지까지 마사지를 하다 보면 30분이 훌쩍 지나간다. 똑같은 운동으로 지친 자신의 몸은 돌볼 여유가 없다. 오히려 힘든 표정이라도 지으면 '싸가지 없는 놈이 인상 쓴다'고 욕설이나 듣는다.

마사지는 운동 후 숙소에서만 강요되는 것이 아니다. 운동 시작 전에도 어깨나 허벅지 등의 스트레칭을 도와줘야 한다. 경기를 뛰는 선배들의 컨디션이 조금이라도 좋아야 승리할 수 있기 때문에 코치들도 그런 모습을 못 본 척 인정한다.

자기 발목도 아픈데 마사지조차 못한 채 압박붕대를 혼자 감고 뛰다가 발목이 퉁퉁 부어서 하소연하면, '나도 1학년 때는 그랬다. 참는 것이 약이다'라는 대꾸나 돌아온다.

그런 판국에 간혹 선배들이 몸 상태 조절을 위한 일이라며 노래나 웃기는 이야기로 숙소 분위기를 재미있게 만들어 보라는 지시까지 내려온다.

이것은 다 나의 경험담이다. 지금은 아무렇지 않게 말할 수 있지만, 그러한 합숙 생활 때문에 학교와 운동을 모두 그만둔 동료도 적지 않다.

모두 과거의 얘기일 뿐이고, 지금은 절대 그런 일이 없다고 누군가 말해 주었으면 좋겠다. 반드시 사라져야 할 악습이기 때문이다.

성폭력, 폭력과 폭언, 가혹 행위 및 부당행위, 약물 등에 대한 실질적인 교육이 선수와 코치에게 시행되고, 부당행위에 대한 신고 처리도 투명하게 이루어져서 선수가 용기를 가지고 자기자신을 지킬 수 있는 시스템이 갖춰져야 할 것이다.

건강한 선수문화만이 건강한 운동선수를 만들 수 있다.

폭력 멈춰!

운동할 때의 동기들을 만나면 술자리 안주감으로 올라오는 이야기 3종 세트가 있다. 집합해서 선배들에게 맞은 얘기, 운동장과 산을 뛰던 얘기, 코치한테 맞은 얘기이다.

그런데 당시 코치님을 특히 존경하던 친구가 그때 맞은 것을 '사랑의 매'라고 생각하고, "맞아 가며 운동할 때가 좋은 시절이었지"라고 얘기해서 다소 놀란 기억이 있다. 나는 운동을 가르쳐주신 선생님들의 매에 대해 그렇게 생각하지 않기 때문이다.

뺨을 맞아 입술이 터지고, 얼굴을 많이 맞은 탓에 밥 먹기가 어려울 정도로 턱이 돌아가는 일도 흔했다. 그런 것을 사랑의 매라고 할 수 있겠는가.

대학교에서 함께 운동한 친구는 1학년 때 선배의 심부름을 갔다 오느라고 운동 시간에 좀 늦었다고 해서 '느리면 빨라질 때까지 맞아야 한다'고 뺨을 맞았다. 한두 대가 아니었다. 맞을 때마다 비칠비칠 뒷걸음을 치기 마련인데, 그렇게 농구 코트 반 바퀴를 맞으며 돌았다. 그런 것을 사랑의 매라고 할 수 있겠는가.

이름이 꽤 알려진 그 코치는 끝내 선수 폭행이 보도되기까지 했는데, 그렇게 운동할 때 학생들을 때리고는 주말에는 종교시설을 찾아 신 앞에서 용서를 빌었다고 한다. 그것이 과연 진정한 참회였는지, 자기 성질에 못 이겨 폭행한 것이 아니라 정말 제자의 발전을 위해 때린 것인지, 해답은 본인만이 알고 있을 것이다.

사회적으로는 인권에 대한 인식 수준이 많이 개선되었지만, 우리나라의 엘리트 체육을 오랫동안 지도해 온 사람들의 교육 습관은 그 수준을 따라가지 못하고 있다. 맞으며 배우고 때리며 가르치는 관습이 쉽게 바뀌지 않는 것 같다.

2020년, 우리는 철인3종경기 유망주 최숙현 선수의 자살 사건을 접해야 했다. 최숙현 선수는 자살 이전에 폭행과 가혹 행위의 피해를 호소하며 감독과 동료를 고소까지 했으나 대한체육회와 대한철인3종협회는 피해자를 위해 해준 것이 없었다. 결국 피해 선수가 자살을 하고 언론이 떠들기 시작해서야 움직이는 척 했지만, 그 이후 그 종목의 운동문화라도 개선이 되었다는 이야기는 들리지 않는 것 같다.

일전에는 시합 중에 실수를 많이 해서 시합에 졌다는 이유로 정신 차리라면서 시합이 끝난 뒤에 초등생 선수의 등짝을 마구 때리는 선생님이 있다는 얘기를 들었다. 다른 아이들은 뒤로 돌아서 못 보게 했다는데, 더욱 어처구니없는 일은 학부모한테 전화로 동의를 구하고 폭행을 진행했다고 한다.

때린 선생님도 선생님이지만, 운동 잘하게 한다고 아이를 때리는 데 동의하는 것이 정말 교육상 맞는 일이라고 믿는지 부모에게 묻고 싶다.

나는 영화 〈4등〉(2016년)을 감명 깊게 보았다. 영화에서는 대회만 나가면 4등을 하는 준호라는 초등학생이 나온다. 3등도 아니고 연거푸 4등에 머무는 아들의 모습이 너무나 속상했던 엄마는 국가대표 수영 선수 출신 코치에게 개인 지도를 의뢰하고, 그 코치는 지도라는 이름으로 준호에게 매일 매질을 한다. 준호의 몸에 멍이 들어 엄마도 폭행을 알지만, 맞으면서 운동한 준호가 제법 큰 대회에서 2등을 기록하자 엄마는 입을 다문다. 거기서 엄마는 말한다. '준호가 맞는 것보다 4등 하는 것이 더 무섭다'고.

영화는 폭행을 피해 도망친 준호가 홀로 연습하여 대통령배 수영대회에 1등을 한다는 해피엔딩으로 끝나지만, 그 엄마의 말이 도무지 남의 얘기 같지 않아서 보는 내내 마음 아픈 영화였다.

고백하겠다. 나는 운동할 때 영화 속의 준호보다 훨씬 더 많은 매를 맞았다. 그런데도 첫아이 때만 해도 아이의 나쁜 버릇을 고친다는 이유로 매를 든 적이 있다.

이후 나는 청소년학을 공부하면서 폭력으로는 결코 훌륭한 선수를 만들지 못한다는 것, 잠깐의 효과를 위해서라도 폭력은 안 된다는 것, 또한 폭력은 대물림 된다는 사실을 배우고 확인했다.

코치는 물론이고 부모라도 아이에 대한 폭력은 범죄다. 운동 선수의 폭언 폭행은 대물림되고, 확대된다. 그냥 두면 우리 아이가 피해자가 되고 가해자가 될 수 있다. 아이가 운동하다가 맞았다면 이제 신고해야 한다. 그래야 우리 아이를 보호할 수 있고, 우리 체육계가 변할 수 있다.

선생님들에게도 꼭 부탁하고 싶다. 가르치는 것이 힘들고, 아이들의 잦은 실수로 경기가 잘 안 풀려 화가 나더라도 폭언하지 말고 아이들이 이해할 수 있는 좋은 말로 설명해 주시기 바란다. 그것이 선수와 팀을 위한 일이다.

운동장은 청소년들이 정의와 예의를 배우고, 재미를 느끼고, 미래를 꿈꾸고, 건강하게 친구와 교제를 나눌 수 있는 신성한 장소로 거듭나야 한다.

선수의 권리이자 의무

"1학년 니들! 빠져서 운동할 때 토킹 크게 안 하고, 3 대 3 속공 연습할 때 패스 실수하고, 기본 레이업슛도 못 넣고 말이야. 그러니까 야간 운동 후 3학년 선배들 가면 탈의실에 집합한다."

나의 고등학교 시절에는 운동이 다 끝난 후 선배가 후배의 운동을 평가하여 잘못된 것이 많으면 그날 바로 집합—체벌을 하였다. 본인을 때릴 도구도 직접 챙겨가야 했는데, 주로 대걸레의 나무 자루가 쓰였다. 나무 자루가 부러지도록 때리는 통에 다른 학생들이 막상 청소를 하려들 때는 성한 대걸레가 없어서 곤란을 겪을 정도였다. 지금 생각하면 미안하기 짝이 없는 일이다.

자신을 때릴 나무 자루를 앞에 두고 일렬로 서면 선배들이 묻는다.

"몇 대 맞을래?"

80년대나 90대에 운동한 사람은 기억할 것이다. 처음 맞는 사람이 2대쯤 맞다 쓰러지면 그 뒤에도 그날은 2대를 맞는 것이고, 매를 잘 맞는 사람이 있어서 10대 맞고 쓰러지면 나머지 사람도 모두 10대를 맞는 식이었다.

나무 자루가 부러지도록 엉덩이를 맞으면 그 자리는 바로 부어 터져 피가 맺히고, 귀갓길 버스 좌석에 아파서 앉을 수도 없었다.

아파서 앉지도 못하는 주제에 당시 우리는 맞을 당시의 얘기를 우스개 삼아 시시덕거리며 집으로 돌아갔다. 그리고 집에 가서는 부모님이 속상해 할까 봐 맞은 사실을 숨겼다. 그것이 우리 딴에는 힐링이고 효도였다.

나처럼 가난하여 단칸방에 사는 사람은 맞은 사실을 숨길 수조차 없었다. 어머니가 슬퍼하지 않도록 별거 아니라는 표정으로 "운동해서 장학금 받으면서 서울에서 대학교에 다닐 거야. 그러니까 신경 쓰지 마"라고 말하는 것이 고작이었다.

집합과 폭행의 이유는 다양했다. 운동할 때 파이팅이 없다고 집합, 시합하며 인상 쓴다고 집합, 내 경우에는 선배들을 위해 수건과 물을 준비해 오라고 했는데 물을 시원하게 얼려 오지 않았다는 이유로도 맞았다. 우리집은 가난해서 냉장고가 없기 때문에 물을 얼려서 가져올 수가 없다고 변명할 수조차 없었다.

폭언과 폭행 속에서 차라리 죽어 버리는 게 낫겠다는 충동, 이른바 '계급장 떼고' 한 번 싸워 보자고 달려들고 싶은 충동을 느낄 때도 있었다. 실제로 그렇게 잘못된 선택을 한 학생이 없지 않을 것이다.

폭력으로 배운 운동은 또 다른 폭력을 불러온다. 스포츠계 모두가 폭력과 폭언을 방지하는 운동에 동참해야 하는 이유다.

운동하는 학생과 학부모들에게 분명히 밝히고 싶다. 앞으로 선배나 코치에게 맞는 일이 생기면 반드시 학교에 신고하고, 재발을 막아서 다시는 폭력이 운동부에서 이루어지지 않도록 해야 한다.

'폭력과 폭언 멈춰 운동', 이것은 선수의 권리이자 의무이다.

부록

인터뷰

―

운동선수 출신으로서
지금은 사회에서
자신의 몫을 다 하고 있는 분들이,
지금 학생으로서 운동을 하는 후배에게
전하고 싶은 말.

―

성남시청소년재단
한동희(하키 선수)

Q. 먼저 자기 소개를 부탁합니다.

분당판교청소년수련관 윤여원 관장님의 예전 직장 동료로, 현재 직장 내 근로자의 복지와 권익 향상을 위해 근로자의 뜻을 모아 설립한 성남시청소년재단 노동조합 위원장을 맡고 있습니다.

Q. 인터뷰에 응한 동기는?

윤 관장님도 농구를 전문으로 한 엘리트 체육인 출신이고, 나도 오랜 기간 엘리트 체육을 했던 사람이기에 서로 통하는 부분이 많습니다. 윤 관장님이 후배들을 위해 학창시절의 경험담을 들려 주었으면 좋겠다고 요청하여 흔쾌히 승낙을 하였습니다.

인터뷰를 앞두고 청소년기 선수로 활동하던 때부터 지금의 내 모습까지 차분히 돌아볼 수 있었는데, 운동선수(체육특기자)로서 힘들고 고통스러웠던 시기를 잘 버텨온 나 자신에게 박수와 칭찬을 해 주고 싶다는 생각이 들었습니다. 하하하.

Q. 언제부터, 어떻게 운동을 했는지?

1983년, 다니던 초등학교에 축구부가 생기면서 축구부에 선발되어 운동을 시작하게 되었습니다. 당시 축구부 코치님은 덩치가 커서 어린 나는 보기만 해도 몸이 떨릴 정도로 무서웠습니다.

그때는 학교와 운동부에서의 체벌이나 구타가 일반적으로 허용되는 시기였고, 코치의 권위는 절대적인 것으로 여겨졌습니다. 그 가운데 이루어진 체벌과 구타로 내 축구 선수 생활은 짧았습니다.

이후 운명처럼 찾아온 필드하키라는 운동으로 1984년 중학교에 체육특기자로 입학, 본격적인 하키 선수로서의 꿈을 키우게 됩니다.

하키 또한 엄격한 단체 생활과 엄청난 운동량, 그리고 예외없이 따라다니는 코치님과 운동부 선배들의 체벌과 구타로 고통스러운 부분이 많았습니다.

맞기도 많이 맞고, 울기도 많이 운 중학교 시절이었습니다. 지금도 중학교 시절로는 절대로 되돌아가고 싶지 않을 정도입니다. 그런 어려움 속에서도 신체 조건이 좋았던 나는 1학년 때부터 선배들을 제치고 모든 경기에 주전 선수로 뛰었습니다.

중학교 3년간 전국대회 및 전국소년체전에서 금메달을 땄고, 고등학교에서도 3년간 총 10회의 전국대회 및 전국체전 우승을 하여, 1987년 〈스포츠서울〉이 선정한 대한민국스포츠대상을 우리 고등학교 팀이 수상하는 영광의 순간도 경험했습니다.

고등학교 1학년이었던 1987년에 청소년 국가대표에 선발되었고, 1988년 서울올림픽 이후 각 종목의 국가대표선수 세대교체가 진행되던 시기에 나 또한 고등학교 2학년임에도 국가대표에 선발되는 영광을 맞보았습니다. 그것은 지금도 자랑스러운 추억입니다.

이후 1990년에 한국체육대학교로 진학, 4년간 체육학과 관련 공부와 운동을 병행하면서 대학 선수로서도 많은 전국대회 우승과 국제대회에 참가하는 경험을 쌓았습니다.

이어서 1993년에는 전국 최강 선수로만 구성된 성남시청 직장운동부 실업팀에 입단하여 약 4년간 선수를 함으로써 14년 동안의 하키 선수 생활을 마쳤습니다.

돌이켜 보면, 선수 생활을 하면서 누구는 평생 한 번 하기도 힘든 전국대회 우승을 여러 번 할 수 있었던 나는 참으로 운이 좋은 선수 생활을 했구나 하는 생각이 듭니다. 감사히 여기고 있습니다.

그래도 아쉬운 점 또한 많습니다. 자만하지 않고 좀 더 열심히 할걸, 하고 후회 아닌 후회도 있기는 합니다.

Q. 운동할 때 힘들었던 것은?

우선은 앞에서도 이야기했지만, 운동부 내 체벌과 구타가 제일 힘들었던 것 같습니다.

그다음엔 운동량이 많았다는 점. 오전 오후 운동에 저녁과 야간 훈련까지, 그야말로 밥 먹는 시간 빼고는 운동이 전부였으니까요.

그리고 중학교 고등학교 대학교까지 모두 팀 주장을 맡아 감독과 코치, 선수 사이에서 중간 역할해야 했던 부분도 힘들었습니다. 감독님과 코치님은 팀 내 문제가 있으면 우선 주장을 혼내고 구타하여 본보기로 삼고는 했습니다. 지금 같으면 상상도 할 수 없는 일이지만 말이죠.

Q. 어떻게 실력이 늘었는지?

중학교 2학년 동계 훈련 이후 체격과 체력이 빠르게 향상되면서 운동 능력 또한 급속도로 발전했습니다. 그 이후 고등학교 2학년부터는 출전하는 전국대회마다 우승을 하면서 많은 자신감을 얻었고, 그것이 경기력 향상에 도움이 된 것 같습니다.

Q. 운동을 그만둔 이후의 진로는?

선수 생활을 한참 해야 할 26세에 운동을 그만두어야 했습니다. 비인기 종목의 설움이랄까? 국내 실업팀이 몇 팀 없는 상황에서 실업 선수 생활을 오래 하면 선배가 후배들의 진로를 막는 것 같은 구조였습니다. 시간이 많이 지난 지금도 비인기 종목의 설움은 변한 바가 없는 것 같아 미래를 보고 열심히 운동하는 후배들에게 미안할 따름입니다.

나는 선수로서 은퇴한 다음 후배를 양성하는 전문 지도자의 길을 선택하여 남자 중학교, 남자 고등학교, 여자 고등학교의 지도자를 8년가량 역임하면서 소년체전과 전국체전 등 많은 대회의 입상을 기록했습니다.

그리고 2000년 이후에는 대학교 재학 시 취득한 체육교사 자격증을 활용하여 남자 고등학교와 정보고등학교에서 체육교사로서 4년간 교직 생활을 하기도 했습니다. 이 시기가 나에게는 직장 생활이 무엇인지 배우고 경험하는 소중한 때였습니다.

그 이후인 2008년 9월에 성남시청소년재단 공채 1기로 입사하여 입사 동기들과 함께 밤낮으로 중원청소년수련관 개관을 준비했습니다. 그게 엊그제 일 같은데, 벌써 12년을 넘어 최고참이 되었네요.

잘 생각해 보면 직장 생활도 운동과 별반 차이가 없는 것 같습니다. 조금만 방심하고 게으름을 피우면 경쟁에서 밀려나고 도태되는 건 똑같다고 할 수 있으니까요. 앞으로도 회사에서 살아남기 위해, 또한 조직에 누가 되는 사람이 되지 않기 위해 최선을 다할 생각입니다.

Q. 운동하는 후배들에게 해 주고 싶은 말은?

세상에 공짜는 없고 쉬운 건 아무것도 없습니다. 여러분들이 지금 하는 운동이 일반인들이 보기에는 그저 흥밋거리로 보일 수도 있지만, 엘리트 체육을 경험한 선배들은 압니다. 정신적 육체적으로 얼마나 힘들고 고된 인내의 과정인지 말입니다.

미래의 내 모습은 아무도 모릅니다. 운동선수로서 성공의 꿈을 이룰 수도 있고 중도에서 포기할 수도 있습니다. 지금은 그저 최선을 다해 보는 것만이 정답입니다. 공연한 고민은 가고자 하는 길에 방해만 될 뿐입니다.

어느 쪽이 되든, 최선을 다하는 과정 속에서 얻은 지혜와 가르침은 돈으로 살 수 없는 값진 것입니다.

스킬 코치
최완승(농구 선수)

Q. 먼저 자기 소개를 부탁합니다.

농구 엘리트 선수 출신으로, 학군장교를 거쳐, 지금은 농구 스킬트레이너 및 의왕 청년단체 활동가로 활약 중입니다.

Q. 인터뷰에 응한 동기는?

저는 2009년 운동을 그만둔 지 얼마 지나지 않아 찾아간 청소년수련관에서 윤여원 관장님을 만났고, 그 인연을 지금까지 이어가고 있습니다. 체육특기자, 그리고 농구 선수 출신이라는 공통점 하나로 아낌없는 조언과 나아가야 할 올바른 방향을 제시해 주시는 관장님과의 인연은 관장님의 둘째딸 농구 선수 가온이 와도 이어집니다. 가온이를 위해서라도 한 마디 하고 싶은 마음에 인터뷰에 응했습니다.

Q. 언제부터, 어떻게 운동을 했는지?

경기도에서 제일 살기 좋은 도시 의왕시에 살던 나는 만화

《슬램덩크》와 농구 드라마 〈마지막 승부〉를 보며 농구에 미쳐 성장한 학생이었습니다. 나에게 농구 선수는 장래 희망이자 꿈이었는데, 마침 가족과 가깝게 지내던 조문주 선생님(삼천포여고 코치)의 권유도 있어서 농구로 인생의 방향을 잡았습니다.

마음은 당장에라도 농구부에 들어가고 싶었지만 학급 회장도 하며 나름 공부도 잘 했기 때문에 부모님과 담임선생님의 만류에 부딪히게 되었습니다. 하지만 나는 매일 학교가 끝나면 집에 바로 가지 않고 운동장에서 농구 연습을 하며 반항 아닌 반항을 하였고, 결국 학업을 놓지 않겠다는 약속 끝에 농구 선수의 길로 들어설 수 있었습니다.

Q. 운동할 때 힘들었던 것은?

본가인 경기도 의왕에서 서울시 성북구에 위치한 홍익사대부중고교까지는 왕복 3시간이나 걸렸습니다. 통학이 엘리트 농구 선수가 되기 위해 넘어야 할 첫 번째 관문이었던 거죠. 당시 우리 학교에는 실내 체육관이 없어서 근처 대학교와 구민체육센터를 돌아다녀야 하는 농구부였지만(2006년 고등학교 1학년 중에 홍익체육관이 생김), 저로서는 농구를 할 수 있다는 것 자체로 너무나도 즐거웠습니다.

하지만 학년이 올라가고 운동 강도가 올라가면서 신체적 정신적 피로가 쌓이면서 위기가 찾아왔습니다. 고등학교 진학

후에는 무릎 부상으로 수술대에 올라야 했는데, 수술과 재활로 인해 팀 내 입지가 줄어들어 10대였던 나에게는 큰 부담으로 다가오기도 했습니다. 그렇지만 공백 기간 중에도 나를 지지해준 가족들과 코치님, 그리고 홍대부고 동기들에게 보답하겠다는 마음으로 복귀 후 더욱 연습에 매진했습니다. 그 결과 2008년 대통령기 우승에 일조를 할 수 있었습니다.

그 게임은 내 인생 최고의 경기였습니다. 한 게임에 3점슛을 9개나 넣었고, 승부처에서 중요한 슛을 성공시키기도 했습니다. 농구라는 종목은 혼자 할 수 있는 것이 하나도 없는 스포츠이기에, 우리 팀이 그만큼 강했다는 뜻이기도 합니다. 우리 팀은 우승할만했고, 팀의 우승만큼이나 나도 함께 빛날 수 있었습니다.

Q. 운동을 그만둔 이후의 진로는?

안타깝게도 대학 진학 후 매일 경기를 뛸 수 없을 정도로 무릎 상태가 나빠져서 운동을 그만두게 되었습니다. 이후 운동선수 출신 대학생으로 제2의 인생이 시작되었습니다.

농구를 정말 좋아했던 나는 재학 중에도 아이들에게 농구를 가르쳤는데, 그 일이 적성에 맞아 대학 4년 동안 학업보다는 아이들을 신나게 가르치며 보낸 것 같습니다.

군대도 다녀왔습니다. 평범한 병역보다 조금 남다른 군 생활을 하고 싶었던 나는 ROTC에 지원하여 장교로 전역했습니다. '운동선수 출신은 공부를 못한다'는 편견을 깨주고 싶다는 바람도 있었습니다. 지금도 장교로 군 생활을 한 것이 나에게 큰 자부심입니다.

현재의 나는 농구 스킬트레이너입니다. 농구의 기술을 연구하여 아이들에게 상황에 맞는 동작들을 알려 주고, 특히 학생 선수를 대상으로 학교에서 채워 주지 못하는 부분을 보완해 주는 역할입니다.

이 일을 통해 나는 우리나라 스포츠가 어떻게 흐르는지 잘 알 수 있었는데요, 과거의 강압적 트레이닝 방법이 아니라 영상을 통해 분석해 주고 필요한 부분을 맞춰 채워 주는 선진화된 시스템으로 발전하는 것이야말로 우리 엘리트 스포츠의 방향이라고 생각합니다.

아울러 저는 고향 의왕시의 발전을 위해 의왕청년정책네트워크라는 청년 단체에서 활동하고 있습니다. 청년들이 삶의 안정을 찾고, 지금보다 풍요롭게 살 수 있는 사회를 만들기 위한 청년 정책을 연구하고 실천하는 자발적 비영리단체입니다. 공공기관의 유익한 정책이나 사업들을 소개하고, 마을공동체 활동을 통해 청년뿐만 아니라 노인과 청소년들의 매개체 역할을 하는데 중점을 두고 활동하고 있습니다. 지금은 〈코로나19〉로 잠시 주춤한 상태지만 앞으로는 문화와 체육 분야까지 범위를 넓혀 활동하겠다는 꿈을 가지고 있습니다.

Q. 운동하는 후배들에게 해 주고 싶은 말은?

공부를 왜 해야 하지? 라고 생각하는 시대는 지났습니다. 바깥세상은 더 넓고 또한 냉정합니다. 지금은 사람들이 관심을 가져 주고 스포트라이트를 받고 있을지 몰라도, 그 이후에는 어떤 날이 올지 예측하기 힘듭니다.

지금이라도 책과 신문을 펴세요. 항상 준비해야 합니다. 준비하는 자에게만 기회가 옵니다.

세상 돌아가는 일에 관심을 갖자! 운동이 세상의 모든 것이라고 생각하지 말자!

PS. 미래의 대한민국 여자 농구를 이끌 제자 가온에게.

항상 긍정적이고 밝은 에너지로 앞으로도 잘 이겨낼 거라 생각한다. 코트 위에서 웃는 얼굴로 신나게 놀자! 너의 재능이 더욱 더 커질 거라 믿는다.

농구 선수 윤가온 파이팅!

청소년지도사
백승찬(수영 선수)

Q. 먼저 자기 소개를 부탁합니다.

고향 자랑으로 대신하고 싶습니다. 내가 태어나 자란 곳은 공기 좋고, 산 좋고, 물 맑은 경기도 가평군 설악면입니다.

1943년 청평댐이 완공되면서 생긴 청평호가 펼쳐져 있고, 호명산과 화야산이 양쪽에 솟아 있어 가평 8경 중 하나로 꼽히는 곳입니다. 청평호는 풍부한 어종으로 낚시꾼들의 발길이 끊이지 않고, 호반을 도는 자동차 드라이브 코스로도 유명하죠.

Q. 언제부터, 어떻게 운동을 했는지?

초등학교 3학년 때 집 앞에 강이 있다는 이유만으로 담임선생님의 추천으로 수영부에 들게 되었습니다.

입단 테스트는 50m 자유형이었는데, 보통 사람들이야 50m를 가는 게 어려웠겠지만 나에게는 그리 어렵지 않았습니다. 왜냐면 우리 마을과 강 건넛마을의 거리가 200m쯤 되었는데, 나는 배를 타지 않고 초등학교 2학년 때부터 헤엄을 쳐 수시로 건넜기 때문입니다.

이후 설악중고등학교로 진학했습니다. 1980년에 수영부를 만들었는데, 당시에는 수영장이 없어서 청평호에서 수영 연습을 하였습니다. 그래도 각종 대회에 참가하여 많은 상을 수상했죠.

그 노력이 가상했는지 나중에 가평군청의 지원을 받아 학교 안에 50m 규격 수영장을 짓게 되었습니다. 수영장이라고 해도 개울물을 끌어와 이용했고 비바람이나 피할 수 있는 비닐하우스를 설치한 정도에 불과하기는 했지만요.

수영 선수가 된 나는 네 가지 영법 중 주 종목을 평영으로 정했습니다. 평영은 다리로 차고 나가는 힘이 강해야 하기 때문에 다리 힘과 유연성을 키우기 위해 상당한 노력을 기울였습니다.

물속에서 바닥에 닿지 않고 2~3시간 떠 있기, 웨이트 트레이닝 등을 하였고, 수영 연습 또한 매일 3시간, 방학 때는 새벽, 오전, 오후에 각 2시간 반씩 맹연습을 했습니다. 그 결과 각종 수영대회에서 많은 메달과 상장을 받을 수 있었습니다

중학교 때는 근대 2종(수영+육상), 고등학교 때는 근대 3종(수영+육상+사격)으로 전향하였습니다. 고등학교 3학년 때 전국대회에서 메달을 획득하여 특기자로 대학도 진학했습니다. 대학 입학 후에도 연습을 꾸준히 하여 매년 열리는 도민체육

대회에 출전하여 메달을 땄습니다.

Q. 운동할 때 힘들었던 것은?

모든 운동이 다 힘들겠지만, 특히 물속에서 하는 운동은 에너지 소모가 심합니다. 하루에 10,000m를 수영한다는 것이 죽기보다 힘든 일이었습니다.

훈련 외에 한겨울에 눈이 쌓인 운동장을 수영복만 입고 뛰게 하는 선생님(감독 및 코치)의 얼차려와 선배들의 집합—폭행은 더욱 운동을 힘들게 했습니다.

참다못해 중간에 탈퇴도 해 보았지만, 그때마다 코치 선생님이 집으로 찾아와 부모님을 설득해서 다시 운동부로 돌아가야만 했습니다.

Q. 어떻게 실력이 늘었는지?

물안경에 땀이 고일 정도로 열심히 한 것이 비결이라고 하겠습니다. 1초라도 줄이기 위해 휴일에도 개인 훈련을 했는데, 물살이 있는 계곡에서 연습을 하기도 했습니다. 그러한 노력의 결과로 조금씩 기록이 좋아졌고, 대회에서도 좋은 성적을 거둘 수 있었습니다.

Q. 운동을 그만둔 이후의 진로는?

대학 졸업과 군 제대 후 수영 강사 생활을 10년쯤 하다가 성남시청소년재단으로 고용승계 되어, 청소년지도사로서 현재까지 청소년들의 활동·보호·복지를 위해 일하고 있습니다.

Q. 운동하는 후배들에게 해 주고 싶은 말은?

'인내는 쓰다. 그러나 그 열매는 달다'라는 말이 있지만, 운동을 하다 보면 뜻대로 되지 않고 힘든 시기가 반드시 옵니다. 그러나 그 시기를 참고 이겨내면 그 끝은 환하게 펼쳐질 것입니다. 힘들 땐 숨 한번 크게 내쉬고, 하늘 한 번 올려다보고, 견디세요.

하지만 정말로 힘들 때는 부모님과 의논하세요. 하하하.

수원체육문화센터
유현성(야구 선수)

Q. 먼저 자기 소개를 부탁합니다.

현재 수원체육문화센터 총괄부장으로 재직 중인 유현성입니다.

야구 특기자로 대학에 들어갔지만 여러 이유로 1학년 초에 포기, 방황을 하다가 군대에 갔다 온 다음에야 정신 차리고 졸업을 위해 노력했습니다.

운동은 중도에 포기했지만, 남은 인생은 포기할 수 없기에 열심히 살았다고 자부합니다.

Q. 인터뷰에 응한 동기는?

윤여원 관장은 농구 선수 출신이고 나는 야구 선수 출신이어서 접점이 없어 보이지만, 우리는 수영 강사였다는 공통점이 있습니다. 그를 만난 것은 수원체육문화센터로, 당시 그는 유아체능단 주임이었고, 나는 생활체육팀 수영 강사였습니다. 직장이 같아서 일이 끝난 뒤 술잔을 나누는 적이 종종 있었는데, 이야기를 나누다 보니 살아온 인생에 비슷한 점이 많다는 것을 알게 되었습니다. 이후 직장에서 효율적인 운영과 직원들을 위해 쓴소리도 서슴없이 하던 그의 모습을 보고 많은 것을 느꼈습니다.

나중에는 '운동했던 사람은 옳고 그름에 당당하게 행동해야 하며, 내가 하는 행동에 책임을 진다'는 말을 남기고 그가 센터에서 퇴사를 했는데, 그 이후에도 우리의 관계는 이어졌습니다.

청소년지도사 자격증 취득에 이어 관장직에 오른 친구의 모습은 지금도 나에게 좋은 자극이 되고 있습니다.

Q. 운동을 그만둔 이후의 진로는?

야구밖에 모르다가 대학에 들어오자마자 운동을 그만두었기 때문에 방황의 시간이 좀 긴 편이었습니다. 3학년이 되어서야 이러면 안 되겠다는 생각이 들어서 열심히 노력을 했습니다.

야구는 중도 포기한 셈이 되어서 야구 관련 직업은 가지기 어려웠고, 대학 때 아르바이트를 한 것이 인연이 되어 수영 강사를 직업으로 택하게 되었습니다.

수영 강사란 그리 안정되고 편안한 직업은 아닙니다. 힘든 업무와 열악한 처우 탓에 일터를 옮겨야 하는 경우도 많았습니다. 그만둘까 하고 고민하던 중에 마지막 이직이라는 심정으로 공공체육시설 채용에 지원했고, 합격한 이후에는 그곳에서만 꾸준히 근무하여 부장 직책까지 오르게 되었습니다.

Q. 운동하는 후배들에게 해 주고 싶은 말은?

현재 엘리트 체육을 하는 모든 학생에게 꼭 전하고 싶은 말이 있습니다.

세상은 지금 하고 있는 운동이 전부가 아닙니다. 물론 꿈을 향해 열심히 운동하는 것은 좋은 일입니다. 하지만 그 과정에서 성공하는 사람도 있지만, 이런저런 상황과 환경 때문에 끝내 꿈을 이루지 못하는 사람도 있습니다. 사실 이루지 못하는 사람이 더 많습니다.

운동으로 꿈을 이루지 못했다고 포기하거나 좌절하지 않았으면 합니다. 세상은 포기하고 좌절하기에는 너무 넓고 할 일도 너무 많습니다.

우리 청소년들은 세상에 아직 발도 들이지 않은 것입니다. 얼마든지 새로운 도전을 할 수 있습니다. 운동한 만큼 노력한다면 어떤 도전에서도 훌륭한 결과를 얻을 수 있으리라 믿습니다. 세상도 여러분을 기다려줄 것입니다.

포기하지 마십시오. 이것을 해서 안 되면, 저것에 도전하십시오. 하루하루 열심히 살고 끈기 있게 노력하다 보면 본인이 원하는 것을 이룰 수 있습니다.

딸에게1

사랑하는 첫째 미르야.

중학교 1학년 중간에 우리 딸이 좋아하는 농구 선수가 되겠다고 했을 때 아버지가 석 달 동안이나 딸의 꿈에 반대했지. 그 반대에도 불구하고 중학교 2학년 때에 테스트 받고 선수를 시작하긴 했지만 기초실력이 별로 없어서 1년 유급해야 한다고 할 때도 흔쾌히 1년 유급을 선택할 정도로 농구에 대한 열정이 대단한 딸이었다.

유급기간 동안 등교 대신에 오전에는 아파트 내 헬스장에서 몸을 만들고 오후에는 의왕 체육관 박○○농구 교실에서 개인지도 받으며 그 추운 겨울에 손이 다 찢어지도록 연습하면서도 꿈을 향해 단 하루도 거르지 않고 열심히 하던 미르가 떠오른다.

그렇게 열심히 했으니 베스트 파이브가 될 수 있을 줄 알았는데 1년 후에 학교로 되돌아왔을 때도 벤치를 지켰고, 심지어 체육관에서 쫓겨난 일도 있었지. 미르가 코치님에게 쫓겨나서 미금역에서 아빠에게 전화한 날이 생각난다.

'선생님이 집중을 못 하고, 계속 실수한다고, 그만두고 집에 가라고 했다'고 울먹이며 말하는 것을 들은 아빠는 마음이 찢어지게 아팠단다. 대체 못 하면 얼마나 못 하고 실수를 하면 얼마나 실수했다고 애를 쫓아냈을까 싶어 화도 났지.

하지만 아빠는 "체육관으로 돌아가서 코치님에게 죄송하다고 하고 다시 운동 열심히 하겠다고 말씀 드려."라고 말할 수밖에 없었다. 그리고 엘리트 운동선수를 하려면 그 정도는 각오해야 한다고, 우리 미르가 더 강해져야 한다고 했지. 지금 생각하면 보다 세심하게 미르의 마음을 보살피지 못하고 무조건 견디라고만 한 것 같아서 미안하다.

고등학교 때는 대회 4강에 오른 팀이 20점 차로 이기고 있고, 더구나 상대 팀은 5반칙 퇴장으로 4명이 게임하는 상황인데도 벤치에 앉아 있던 미르를 코트에 내보내 주지 않는 이해할 수 없는 처사에 화가 났고, 그 일은 미르를 전학시켜야겠다고 마음먹은 계기가 되었단다. 운동선수는 게임을 뛰기 위해서 운동을 하는데 아무리 운동을 열심히 해도 코트에 내보내 주지 않는다면 팀에 있을 필요가 없는 것이니까 말이야.

처음에는 내 선택이 나쁘지 않았다고 생각했다. 수원으로 전학한 후, 베스트 멤버는 아니지만 식스맨으로 게임을 뛸 수 있었고, 대회에서 갑자기 15점 이상을 넣으면서 기사에도 나오는 모습을 보면서 '실력이 많이 늘었구나! 이제 좋은 대학도 갈 수 있겠다!' 하고 기쁜 마음도 들었다.

그래서 갑자기 고등학교 3학년에 오른 미르가 운동 그만두겠다고 말을 꺼냈을 때는 정말 하늘이 무너지는 것 같았단다. 너의 각오가 너무 단단해 보여서, 도저히 말릴 수 없을 것 같아서 그만두는 걸 허락하기는 했지만, 그때는 정말 힘들었어!

우리 미르가 운동을 그만두고 체대를 목표로 하루에 3시간 밖에 자지 않으면서, 때로는 코피를 흘려가면서 노력하는 모습을 보면서, 수원으로 전학하기 전에 미르의 이야기를 더 많이 듣고 더 많이 고민해 보지 못한 나를 탓하기도 했단다.

그토록 노력한 끝에 성적을 올려 대학에 들어간 우리 딸이 나는 정말 고맙고 자랑스럽다.

힘들게 운동했던 것, 힘들게 입시 준비했던 것, 그 모두가 미르의 인생에 두고 두고 거름이 되리라고 믿는다. 앞으로 어려운 때가 닥치면 그때를 떠올리며 노력해 주기 바래~.

힘들 때 잘 견디어 주어서 고맙다.

우리 딸의 행복하고 더 나은 미래를 응원한다.

딸에게2

사랑하는 둘째 가온아.

언니가 운동할 때부터 멀리 중학교까지 따라다니다가 초등학교 2학년이 되더니 가온이도 농구를 할 수 있는 학교로 전학 보내 달라고 했지.

"정말 운동을 열심히 하겠습니다"라고 편지와 각서를 쓰던 날 생각나니? 그렇게 너는 엘리트 농구를 할 수 있는 수원으로 전학을 갔지.

우리 가온이가 초등학교 저학년 때부터 힘든 운동의 길로 간다고 생각하니, 아빠는 마음이 짠 하더라구.

그래도 전학 간 화서초등학교에서 토킹도 잘 하고, 열심히 뛰는 모습이 너무 대견하고 귀여웠단다.

게다가 하루도 안 쉬고 노력하는 모습, 최고였어!

2017년 7월 종별 선수권대회가 생각난다. 청주 강서초와의 시합에서 고작 키 130cm 밖에 안 되는 가온이가 15cm 이상 차이

나는 6학년 언니들을 헤치고 골대 중앙으로 드리블 치며 안으로 들어가는 모습은 정말 대단했어. 갑자기 혼자 꽈당 넘어지기는 했지만, 그 바람에 자유투 2샷을 얻었지. 그것이 아마 가온이에게는 큰 대회에서는 인생 첫 자유투였을 텐데 배짱 좋게 2개를 모두 성공시켰고, 그 모습에 벤치에 있던 사람들을 비롯해 경기를 지켜보던 모든 관중이 깜짝 놀랐단다.

그렇게 그날의 스타가 된 너를 〈BasketKorea〉의 김우석 기자님이 인터뷰할 때, 또렷또렷 너무나 대답을 잘 하는 모습은 얼마나 자랑스러웠던지.

가온이 3학년 때 전지훈련할 때의 모습은 학교 언니들 물 떠 주고, 코트 주변을 왔다 갔다 하는 정도였는데, 갑자기 부쩍 큰 느낌이었단다.

그때 실린 "사과머리 소녀 윤가온 명품 농구 선수를 꿈꾸다"(BasketKorea 2017. 7.30.)라는 기사를 너의 엄마는 수백 번도 더 읽었을 거야.

코로나로 한동안 시합을 못 하다가 열린 양구시합에서 본 6학년 가온이의 모습은 더 멋졌지.

화서초교 부활의 선봉장 윤가온, 목표는 우승.

(전략) 경기 후 만난 윤가온은 "(어려움이 많았지만) 팀원 모두가 끝까지 잘 버텨줘서 이길 수 있었다. 너무 기쁘다. 이번 승리는 팀

원 모두가 만들어낸 결과라고 생각한다"라며 승리의 공을 동료들
에게 돌렸다.

(JUMPBALL 2020.8.13.)

    화서초등학교 농구부 주장다운 의젓한 인터뷰였다. 이런 기사
들이 가온이에게도 새로운 격려가 되지 않았을까 싶다.

    요즘 보면 리딩 가드였던 아빠보다 3점 슈팅도 좋고 운동에
대한 근성도 대단한 거 같아.

    하긴, 아무나 화서초등학교 주장을 하는 건 아니지. 하하하!

    우리 가온이 멋지다! 언제나 홧팅 ^^

딸에게3

딸아, 좋은 인성을 가진 운동선수가 되어야 한다. 스스로가 세운 꿈과 목표를 가진 사람이 되어라. 인기를 쫓아다니진 말거라. 그저 너의 자리에서 최선을 다하면 된다.

딸아, 스승을 존경할 줄 아는 사람이 되어야 한다. 스승은 가르치는 사람이며, 가르치는 사람은 배우는 사람이 좀 더 많이 배우고 좀 더 잘 했으면 하는 아쉬움을 갖는단다. 그러다 보면 때론 너무 엄해질 수도 있다. 그렇다고 그들을 미워해선 안 된다. 스승에 대한 존중과 존경을 항상 품고 있으렴.

딸아, 오늘 경기에서 성적이 좋았다고 너무 들뜨지 말아야 한다. 항상 어제의 나는 이제 없다는 마음으로 게임에 임하렴. 좋으면 좋은 대로 나쁘면 나쁜 대로, 오늘의 게임을 분석하고 또 분석해야 한다. 너의 플레이, 팀원들과의 플레이를 다시 보고 다음 경기엔 어떻게 해야 할지 연구하고 그것을 기록해라.
기록은 사라져가는 기억을 잡아 주고 너에게 기억과 추억을 선물해 준단다.

딸아, 미래를 준비하는 사람이 돼야 한다. 온전히 선수 생활에 집중하는 것은 아주 좋은 일이지만 네가 만년 경기를 뛰는 선수일 수는 없단다. 운동과 무관한 어떤 미래라도 기꺼이 맞이할 수 있도록 준비해 두어라. 준비라는 것은 언제 해도 늦지 않은 것이고, 언제 하든 도움이 되는 것이다. 그러나 준비 없이 맞이하는 미래는 재앙일 뿐임을 명심하기 바란다.

마지막으로, 운동선수인 우리 딸아.
아버지는 네가 하고 싶은 것을 하는 인생을 살기 바란단다. 남의 눈치를 보면서 하고 싶은 것을 하지 못하고, 하고 싶은 말을 못 해서는 안 된다.
좋은 사람과는 오랜 인연을 맺고 부정적 사람은 고민하지 말고 끊어 버려라. 인생은 좋은 사람만 만나기에도 너무나 짧단다.
그리고 늘 가족과 건강을 챙기렴. 안에서 새는 바가지 밖에서도 샌다는 말이 괜히 있는 게 아니다. 가족을 등한시하고 건강을 잃은 사람은 행복에서 멀어질 수밖에 없단다.
아빠는 비록 세상을 반쪽으로밖에 보지 못하지만 그래서 가족만 볼 수 있었단다.
가족을 소중히 여기면서, 늘 건강하고 씩씩하게 자라기를!

* 이 도서는 한국출판문화산업진흥원의
'2021년 출판콘텐츠 창작 지원 사업'의 일환으로
국민체육진흥기금을 지원받아 제작되었습니다.

운동
선수
였습니다

초판 1쇄   2021년 9월 6일
     4쇄   2022년 7월 29일

저   자   윤여원
발   행   (주)엔북

(주)엔 북
우)07631 서울시 강서구 마곡중앙로 56 마곡사이언스타워2 804호
전   화   02-334-6721~2
팩   스   02-6910-0410
메   일   goodbook@nbook.seoul.kr

신고 제 300-2003-161
ISBN 978-89-89683-65-0 43690

값 12,000원